YOUNG ACADEMICS

Medienrecht und Medienwirtschaft

Schriften zu Medien, Daten und Digitalisierung | 4

Herausgegeben von
Prof. Dr. Rolf Schwartmann
und Prof. Dr. Christian-Henner Hentsch

Kölner Forschungsstelle
für Medienrecht

Technology
Arts Sciences
TH Köln

Niklas Baehr

Kunstfreiheit versus allgemeines Persönlichkeitsrecht im deutschen Gangster-Rap

Der Fall „Jigzaw gegen die Geissens“

Mit einem Vorwort von Prof. Dr. Christian-Henner Hentsch

Tectum Verlag

Niklas Baehr
Kunstfreiheit versus allgemeines Persönlichkeitsrecht im deutschen Gangster-Rap
Der Fall „Jigzaw gegen die Geissens“

Young Academics: Medienrecht und Medienwirtschaft. Schriften zu Medien, Daten und Digitalisierung; Bd. 4

ISBN 978-3-68900-328-9
ePDF 978-3-68900-329-6
ISSN 2940-4290

Gesamtverantwortung für Druck und Herstellung:
Nomos Verlagsgesellschaft mbH & Co. KG
Printed in Germany

Besuchen Sie uns im Internet
www.tectum-verlag.de

Bibliografische Informationen der Deutschen Nationalbibliothek

Die Deutsche Nationalbibliothek verzeichnet diese Publikation in der Deutschen Nationalbibliografie; detaillierte bibliografische Angaben sind im Internet über http://dnb.d-nb.de abrufbar.

Vorwort

Jedes Jahr empfehlen wir unter den besten Abschlussarbeiten im Masterstudiengang Medienrecht und Medienwirtschaft an der TH Köln zwei bis drei Masterarbeiten aus dem jeweiligen Jahrgang zur Veröffentlichung in der Schriftenreihe Medienrecht und Medienwirtschaft. Dieser vierte Band unterstreicht noch einmal die hohe Qualität der Studierenden und ihrer Arbeiten. Wir freuen uns mit den Studierenden, dass sie ihre hart erarbeiteten Ergebnisse so auch mit der Öffentlichkeit teilen können und sich gleichzeitig für sich eine bleibende Erinnerung schaffen – zum einen an ihre akademische Leistung und was sie vollbracht haben, aber vor allem auch als Mahnung, sich immer wieder neugierig und mit Fleiß neuen Herausforderungen zu stellen. Die Kölner Forschungsstelle für Medienrecht an der TH Köln hat im Verlauf des Studiums hoffentlich aus jedem Studierenden auch einen „Studiosus“ (lat. eifrig, interessiert) gemacht und so auf ein lebenslanges Lernen in der Praxis vorbereitet. Dieser vierte Band ist jedenfalls ein schöner Beweis dafür.

Die hier veröffentliche Masterarbeit von Herrn Niklas Baehr zum Thema „Kunstfreiheit versus allgemeines Persönlichkeitsrecht im deutschen ‚Gangster-Rap'. Verstößt das Urteil des Landgerichts Mannheim im Fall ‚Jigzaw gegen die Geissens' gegen die Kunstfreiheit?“ nimmt eine verfassungsrechtliche Abwägung zwischen der Kunstfreiheit und dem Individualinteresse vor – einem klassischen Spannungsfeld für die Mediengrundrechte. Er greift die aktuelle Rechtsprechung des Landgerichts Mannheim zum Battle-Rap auf und nimmt eine blitzsaubere Grundrechtsprüfung vor, die zu dem Ergebnis kommt, dass Battle-Rap insbesondere aufgrund der wesensimmanenten Verfremdung und Übertreibung als Satire einzustufen ist und in diesem Fall auch aufgrund fehlerhafter Interpretation die Kunstfreiheit überwiegt. Die Masterarbeit von Herrn Baehr überzeugt in Aufbau und Struktur und ihr kann entlang der konkreten Fallprüfung gut gefolgt werden. In der Einleitung erläutert er das Phänomen des Battle-Rap und stellt aus der Einleitung heraus eine klare Frage. Die Konkretisierung durch den zugrunde gelegten Fall macht das Thema griffig und am Ende auch deutlich zu beantworten. Die Erläuterung des Gangs der Untersuchung sind überzeugend. Im Hauptteil geht der Verfasser mit seiner Fallprüfung lehrbuchartig vor und klärt zunächst den Schutzbereich der Kunstfreiheit. Er problematisiert die Definition und Reichweite des Kunstbegriffs und entscheidet sich überzeugend für einen unbegrenzten Schutzbereich. Auf diese Ausführungen greift er in der Verhältnismäßigkeitsprüfung als „argumentativen Unterbau" später noch zurück. Im Rahmen der Rechtfertigung nimmt er im Wege der praktischen Konkordanz eine Abwägung zwischen der unbeschränkten Kunstfreiheit und dem Persönlichkeitsrecht vor. Richtigerweise problematisiert er den Interpretationsmaßstab eines Werkes und zieht dazu auch die bisherige Rechtsprechung des BVerfG heran. Er stellt dabei auf den Maßstab eines mit der jeweiligen Kunstform vertrauten Empfängers ab, geht damit aber zugunsten der Kunst mit Verweis auf die Wirkung im Internet und anderen neuen Massenkommunikationsmitteln vertretbar über die bisherige Rechtsprechung hinaus. In der Verhältnismäßigkeit nimmt der Verfasser eine ausführliche Abwägung zwischen den beiden kollidierenden Grundrechten vor. Er analysiert dabei die konkreten Textpassagen und prüft sie auf Schmähkritik. Dabei berücksichtigt er insbesondere auch den Promi-Status der Betroffenen und deren Minderjährigkeit. Richtigerweise stellt er auch auf das „Recht auf Gegenschlag" ab, weil dem Werk eine inhaltliche Auseinandersetzung mit der Familie der Betroffenen voranging, lehnt dieses aber mit guten Gründen ab.

Niklas Baehr hat eine hervorragende Masterarbeit verfasst, die sowohl verfassungsrechtlich als auch aufgrund der praxisnahen Anwendung überzeugen kann. Damit beweist er Fleiß und Neugier und schafft zugleich für alle Leserinnen und Leser neue Erkenntnisse in einem bislang nicht ausgeleuchteten Praxisfeld des Medienverfassungsrechts. Wir wünschen ihm auch weiterhin Interesse an neuen Themen und genauso viel Erfolg bei der Anwendung seiner im Masterstudiengang erworbenen Kenntnisse und Fähigkeiten in der Praxis.

Prof. Dr. Christian-Henner Hentsch

Inhaltsverzeichnis

Abkürzungsverzeichnis

Soweit die Abkürzungen nicht besonders erläutert sind, wird verwiesen auf: Kirchner, Hildebert, Abkürzungsverzeichnis der Rechtssprache, 10. Auflage, Berlin, 2021.

A. Einleitung

Mitte der 1980er-Jahre bekam das US-amerikanische Musikgenre Rap/Hip-Hop erste Vertreter in Deutschland, welche diese Musikrichtung fortan auch in deutscher Sprache vertraten. In den folgenden Jahren, vor allem ab den 2010ern, konnte sich Deutschrap/Hip-Hop immer weiter etablieren. Heutzutage ist Hip-Hop, gemessen am Umsatz, das zweiterfolgreichste Musikgenre in Deutschland hinter Popmusik.[1]

Vor allem in der Altersgruppe der bis 29-Jährigen ist deutscher Rap besonders beliebt und etwa jeder Dritte gibt an, diesen gerne zu hören.[2] Deutscher Rap ist also eine noch junge Kunstform für ein hauptsächlich junges Publikum.Einen großen Teil zu den anfänglichen Erfolgen beigetragen hat das Untergenre des deutschen „Gangster-"/„Straßen-" oder auch „Battle-Rap". Diese drei Bezeichnungen lassen sich untereinander weiter abgrenzen.

Im „Battle-Rap" geht es um das Besiegen eines imaginierten, oder auch realen, Gegners durch Sprachkompetenz.[3] Er ist vergleichbar mit einem Boxkampf, bei welchem aber keine reale Gewalt angewandt wird, sondern die einzige „Waffe" das gesprochene Wort ist, beispielsweise in Form von Beleidigungen und Herabsetzungen des Gegners oder eigener Erhöhung.[4]

„Gangster-" oder „Straßen-Rap" wiederum fällt ebenfalls durch Beleidigungen und Herabwürdigungen eines Gegners auf. Hinzu kommt allerdings eine Eigeninszenierung als „harter" und kompromissloser

1 Bundesverband Musikindustrie in Statista.
2 Bundesverband Musikindustrie e.V., S. 28.
3 *Huber*, S. 14.
4 *Gruber* in Höllein/Lehnert/Woitkowski, S. 35.

Gangster, oder zumindest jemand der sich „auf der Straße" auskennt.[5] Dies geschieht unter anderem durch die Bezugnahme auf begangene Straftaten, das Aufwachsen im „Ghetto" und grundsätzlich durch Beschreibungen einer Lebensrealität, welche stark vom „gutbürgerlichen Leben" abweicht. Es geht inhaltlich um die Erzählung (krimineller) Lebensarten gesellschaftlicher Randgruppen.[6] Das Bundesverfassungsgericht beschrieb im Rahmen eines Verfahrens um die Indizierung des Albums „Sonny Black" von Bushido „Gangster-Rap" einst als „musikalisch unterlegte und geführte Auseinandersetzung in harter Sprache als selbstermächtigende Reaktion auf Marginalisierung, die unter anderem auf antikonventionelle Stilmittel wie Übertreibung, Gewaltphantasien, Abwertung anderer Personen und Gruppen, Provokation und sogenanntes „Posing" als betonte Selbstermächtigung setzt".[7]

Sowohl „Gangster"-, „Straßen"- als auch „Battle-Rap" fallen meist durch eine Vermischung von vermeintlicher Authentizität und offensichtlichen Übertreibungen auf.[8]

Die Grenzen zwischen diesen Unterformen des deutschen Raps sind fließend und eine genaue Zuordnung eines jeweiligen Musikstückes mitunter schwer bis unmöglich.

Als junge Kunstform, welche vor allem von jungen Menschen konsumiert wird, einen eigenen, für Außenstehende mitunter unverständlichen Sprachcode verwendet und dessen Stilmittel unter anderem in Übertreibung, Provokation, lyrischer Gewalt und einer Vermischung von Realität und Fiktion bestehen, wurde und wird deutscher Rap immer wieder aus der Mitte der Gesellschaft heraus kritisch beäugt und hinterfragt. Meist geht es hierbei um einen angeblich schlechten Einfluss auf die Jugend aufgrund der derben und tabulosen Texte, oft wurde deutschem Rap generell ein Sexismusproblem unterstellt. Die neuesten Skandale aus dem Bereich des Deutschraps sind beispielswei-

---

5 *Huber*, S. 14.

6 *Bruneder*, S. 35.

7 BVerfG, 20.10.2022 – 1 BvR 201/20, GRUR-RS 2022, 33942 Rn. 29.

8 So bspw. der Rapper „Kollegah", welcher einerseits von einer angeblich tatsächlichen Vergangenheit als Drogenhändler berichtet, sich aber gleichzeitig als „Weltmonarch" oder „Kaiser" stilisiert.

se der „Echo-Skandal“ oder der Aufschrei nach dem Lied „Stress ohne Grund“ von Bushido.

Beim „Echo-Skandal“ bekamen die Rapper Kollegah und Farid Bang im Jahr 2018 den Musikpreis „Echo“ für ihr Album „Jung, Brutal, Gutaussehend 3“ verliehen. Auf einer Bonus-CD zu diesem Album fand sich die von Farid Bang gerappte Zeile: *„Mein Körper definierter als von Auschwitzinsassen“*, was im Nachgang zur Echo-Verleihung zu einer großen medialen Debatte über Antisemitismus, Ermittlungen wegen Volksverhetzung gegen Kollegah und Farid Bang und im Ergebnis dazu führte, dass die Echo-Verleihung abgeschafft wurde. Das Album „Jung, Brutal, Gutaussehend 3“ wurde schlussendlich indiziert.

In dem Lied „Stress ohne Grund“ hatte Bushido 2013 unter anderem gerappt:

„Ich will, dass Serkan Tören jetzt ins Gras beißt“, *„Ich schieß auf Claudia Roth und sie kriegt Löcher wie ein Golfplatz“* und bezogen auf den mit Bushido verfeindeten Rapper Kay-One *„Du wirst in Berlin in deinen Arsch gefickt wie Wowereit“*.

In Reaktion hierauf gab es einen großen medialen Aufschrei und einen Strafprozess gegen Bushido wegen Beleidigung, welcher mit einem Freispruch endete. Das Album „NWA“, auf welchem „Stress ohne Grund“ erschien, wurde indiziert, nach zwei Jahren aber wieder freigegeben.

Der öffentliche Aufschrei gegenüber Kollegah & Farid Bang und auch Bushido hatte hierbei allerdings keinen negativen Effekt auf deren musikalische Erfolge. Die Alben „Jung Brutal Gutaussehend 3“ und „NWA“ konnten auf Platz 1 der deutschen Albumcharts einsteigen. Die Fans dieser Künstler schienen die Texte offenbar anders aufzunehmen als die „Mitte der Gesellschaft“.

Diesen und ähnlichen Skandalen des deutschen Raps ist gemein, dass auffällt, inwieweit Geschmäcker, Verständnis und Rezeption auseinanderfallen, sobald die Jugendkultur Deutschrap auf eine breite Öffentlichkeit trifft.[9]

Trotz des steigenden Erfolgs des Deutschraps ist die gesamtgesellschaftliche Anerkennung als Kunstform nicht in gleichem Maße gewachsen.[10]

Und so sind einzelne Akteure und Lieder aus dem Bereich des Deutschraps immer wieder Teil gerichtlicher Auseinandersetzungen. Genau in diesen Fällen allerdings, wenn es um ein Kunstgenre geht, dessen Eigenschaft als schützenswerte Kunst von einem nicht geringen Teil der Gesellschaft hinterfragt bis bestritten wird, kommt dem im Verfassungsrecht verankerten Schutz der Kunstfreiheit besondere Bedeutung zu. So auch in folgendem Fall:

Der deutsche Rapper mit Migrationshintergrund Jigzaw veröffentlichte am 31.08.2018 das Album „Post Mortem", welches auch ein Lied namens „Medusablick" mit folgendem Text beinhaltete:

„Check, baller' Kugeln auf Newcomer-Acts
Ich will eine Villa und ein'n Pool und ein'n Benz
Und auf die Spitze, so wie Moves im Ballett
Pow, pow, pow,
Ich ficke die Szene mit Kolle, Seyed und Gent
Motherfucker, wir ballern auf alle diese Hurensöhne
Jede Kugel ballerte dich straight durch dein Camp
Brraa, hinterlasse Projektile und Leichen
Am achtzehnten Geburtstag der Tochter der Geissens
Steh' ich vor der Tür und hol' mir die Kleine
und hinterlasse Creampie in ihrer Scheide
Diese Nixgönner wollen Signings vergleichen
Weil ich Stecher bin und burne, auch in kalteren Zeiten
Iblis hat meine Seele geleitet
Und Azrael mich auf meinem Wege begleitet
Darum heg ich Empathie auch für meine Feinde
Wenn ich dich ficke, dein Körper am Boden verteilt ist

9 So titelte der Tagesspiegel 2018: „Deutscher Rap – Gut, dass niemand genau hinhört" https://www.tagesspiegel.de/kultur/gut-dass-niemand-genau-hinhort-4007542.html, zuletzt abgerufen: 30.05.2024.
Oder der Freitag fragt unter der Überschrift „Hasswichser" wie lange die Industrie die Künstler des in weiten Teilen sexistischen Raps noch schützen werde. https://www.freitag.de/autoren/daniel-gerhardt/hasswichser, zuletzt abgerufen: 30.05.2024.

10 *Höllei/Lehnert/Woitkowski*, S. 9.

zieht die Spurensicherung Linien aus Kreide
diese kleinen Nutten machen Welle nur vom Weitem
Baller' in die Luft für meine Brüder, die sitzen
Stiernacken in deinem Zimmer ballern durch deine Kissen
Wir sind Todesser, Askaban-Member
Expecto Patronum, Sectumsempra
Ich kläre deine Mutter in der Modeboutique
Kohle verdie'n, Dealer durch die Wohnungen zieh'n
Welcher kleinen Nutte wird die Krone verlieh'n?
Guck, ich hing' in 'ner Zelle, aber ich holte mein'n Deal
Ich komm' in deine Gegend, ich shoot' und red nicht
Ich fick' deine Frau – Fuß-Schuhen-Fetisch
Übermenschlich, was im Blutgefäß ist
Boss-Genetik in der Doppelhelix[11]

Die im Text erwähnte Geiss-Familie ist eine im deutschen Fernsehen aus zahlreichen Sendungen bekannte „Promi-Familie". Beide Geiss-Töchter sind zum Zeitpunkt des Erscheinens des Liedes 14 und 15 Jahre alt, also noch minderjährig. Ihre Mutter, Carmen Geiss, hatte wenige Wochen vor Erscheinen des Liedes auf Facebook gegenüber einem anderen deutschen Rapper mit Migrationshintergrund, Farid Bang, folgendes geschrieben:

> „JETZT HAST DU DEINE PLATTFORM!! Kranker Mensch !!Deutschland geht unter mit dir und mit Deiner bescheidenen Musik. Ich bin froh, dass ich im Ausland lebe und ich möchte einfach sehen wie viele deutsche es noch in Deutschland gibt???!!! Denn du, Farid Bang, bist eine arme Seele und wirklich eine kranke Person, die nicht nur ein Frauenverachter, sondern ein Deutsch-Hasser ist!!! Du bist einfach nur ein Opfer deiner Vergangenheit!! Wenn ich Dich sehe frage ich mich einfach nur, wo sind meine Wurzeln?? Ist das Deutschland??".[12]

11 Der Songtext von „Medusablick" ist in dieser Version nicht mehr öffentlich auffindbar, da dass Lied abgemahnt und daraufhin geändert wurde. Aus diesen Quellen aber lässt sich der ursprüngliche Text des Liedes nachvollziehen: https://songsear.ch/song/Jigzaw/Medusablick/4209355, https://genius.com/Jigzaw-and-kollegah-medusablick-lyrics, LG Mannheim, 13.11.2019 – 14 O 173/19 https://openjur.de/u/2341317.html.

12 Carmen Geiss Facebook-Beitrag vom 13.4.2018 https://www.facebook.com/TheRealCarmenGeiss/posts/2055477867814234, zuletzt abgerufen: 30.05.2024.

Nachdem sie hierfür, vor allem aus der Hip-Hop-Szene heraus, kritisiert wurde, meldete sich auch ihr Mann, Robert Geiss, zu Wort und schrieb auf der Plattform Instagram unter anderem:

> „Seid ihr vielleicht schon 1.60 Meter???Die ganzen Ausländer die uns so beschimpfen in Deutschland alle ihre Gelder beziehen,warum seid ihr denn noch dort??Dort scheint die Sonne nicht! Ihr könnt alle in Euren Ländern f...... die ihr wollt,denn das hat einen Vorteil!!!!!! Ihr sprecht die selbe Sprache!! Das müsst ihr nicht mit unseren Frauen tun.Macht das mit Euren eigenen Frauen dann wäre es Geil,und alles bleibt im eigenen Land!!!"[13]

Nach Erscheinen des Liedes „Medusablick" wird Rapper Jigzaw von den Geiss-Töchtern wegen Persönlichkeitsrechtsverletzung verklagt und unterliegt vor Gericht. Das Landgericht Mannheim begründet dies damit, dass der Text des Liedes „die in drastischen Bildern beschriebene Vergewaltigung und Ermordung der Klägerinnen preist und verherrlicht"[14] und damit das Persönlichkeitsrecht der Geiss-Töchter in schwerwiegender Weise verletze. Rapper Jigzaw wird daraufhin zur Zahlung von Geldentschädigung an beide Töchter, sowie zur Unterlassung folgender Zeilen verurteilt:

> *„Brraa, hinterlasse Projektile und Leichen*
> *Am achtzehnten Geburtstag der Tochter der Geissens*
> *Steh' ich vor der Tür und hol' mir die Kleine*
> *und hinterlasse Creampie in ihrer Scheide*
> *Diese Nixgönner wollen Signings vergleichen*
> [...]
> *Darum heg ich Empathie auch für meine Feinde*
> *Wenn ich dich ficke, dein Körper am Boden verteilt ist*
> *zieht die Spurensicherung Linien aus Kreide*
> *diese kleinen Nutten machen Welle nur vom Weitem".*

---

13 Stern, „Auch Robert Geiss schießt gegen Farid Bang", https://www.stern.de/lifestyle/leute/neuer-shitstorm-auch-robert-geiss-schiesst-gegen-farid-bang-7942478.html, zuletzt abgerufen: 31.07.2024.

14 LG Mannheim, 9.10.2019 – 14 O 60/19 (nicht öffentlich auffindbar, Entscheidungsgründe aber auch in: LG Mannheim, 13.11.2019 – 14 O 173/19 – https://openjur.de/u/2341317.html).

Das Lied „Medusablick“ wird anschließend in veränderter Form ohne die beanstandeten Textzeilen erneut veröffentlicht.[15]

Diese Masterarbeit widmet sich dem Spannungsverhältnis zwischen der Kunstfreiheit aus Art. 5 III GG und dem allgemeinen Persönlichkeitsrecht aus Art. 2 i.V.m. 1 GG durch Herausarbeitung der Besonderheiten des deutschen „Gangster-“ bzw. „Battle-Raps“ anhand dieses Falles. Im Kern der Untersuchung steht die Frage, ob durch das Urteil des Landgerichts Mannheim die Kunstfreiheit des Rappers Jigzaw verletzt wurde.

15 Sachverhalt angelehnt an: Jigzaw & Kollegah „Medusablick“ 31.08.2018 – LG Mannheim, 13.11.2019 – 14 O 173/19.

B. Gang der Untersuchung

Die Untersuchung folgt der klassischen Grundrechtsprüfung (Schutzbereich, Eingriff, Rechtfertigung).

Zunächst werden innerhalb der Eröffnung des Schutzbereichs der Kunstfreiheit die generellen Problematiken im Umgang des Rechts mit der Kunstfreiheit dargelegt und erläutert. Auch wenn die Frage danach, ob hier „Kunst“ iSd Art. 5 III GG vorliegt, im konkreten Fall unproblematisch erscheint, kommen an dieser Stelle bereits Prinzipien wie die Verhinderung von Kunstrichtertum, fehlende Rechtssicherheit, die Eigengesetzlichkeit der Kunst und die Relevanz einer Abwägung zutage. Sie bilden wichtige Grundsätze und Maßstäbe für im weiteren Verlauf aufkommende Fragestellungen und werden somit als argumentatorischer Unterbau für die gesamte Prüfung bereits an dieser Stelle umfassend dargelegt. Darauf aufbauend wird kritisch beleuchtet und diskutiert, ob Rechte Dritter, in Form der Menschenwürde oder des Rechts auf Leben, oder eine Einstufung des Kunstwerks als Schmähkritik den Schutz durch die Kunstfreiheit ausschließen, somit die Eröffnung des Schutzbereichs verhindern können. Bereits an diesem Punkt wird ersichtlich, welche enorme Relevanz die Abwägung im Rahmen der Angemessenheit in Fragen der Kunstfreiheit besitzt.

Nach einer kurzen Erläuterung darüber, inwiefern ein Urteil in einem Zivilprozess einen staatlichen Eingriff in die Kunstfreiheit darstellen kann, folgt eine ausführliche Befassung mit der Frage, ob im vorliegenden Fall das allgemeine Persönlichkeitsrecht der Klägerinnen überhaupt betroffen ist.

Hierbei wird es um die kritische Einordnung der Schwierigkeiten einer richterlichen Interpretation von Kunst gehen und es wird diskutiert, ob bei der Frage der Betroffenheit des allgemeinen Persönlichkeitsrechts der Maßstab eines unverständigen Durchschnittsempfängers oder eines mit der jeweiligen Kunstform vertrauten Empfängers anzulegen ist und ob dies stets oder nur unter bestimmten Voraussetzungen zu geschehen hat. Gerade hier erfährt die bereits für den Schutzbereich dargestellte Schwierigkeit einer Einordnung von Kunst besonderes Gewicht, denn schlussendlich bildet nicht das Kunstwerk selbst den Maßstab für die rechtliche Beurteilung, sondern seine Interpretation durch das Gericht. Die Interpretation des Kunstwerks ist somit Dreh- und Angelpunkt einer rechtlich angemessenen Prüfung.

Sodann wird nach einer kurzen Erläuterung des gerichtlichen Umgangs mit Satire, also der Trennung von Aussagekern und äußerer Form, diskutiert, ob diese Grundsätze auf Deutschrap im Allgemeinen und konkret auf das hier vorliegende Musikstück Anwendung finden.

Anhand des herausgearbeiteten Interpretationsmaßstabes werden sodann Aussagekern und äußere Form des Musikstücks interpretiert und daraufhin untersucht, ob sie das allgemeine Persönlichkeitsrecht der Geiss-Töchter berühren. In diesem Zusammenhang wird die im vorliegenden Urteil vollzogene Interpretation des Textes von „Medusablick" durch das Landgericht Mannheim kritisch hinterfragt. Das besondere Gewicht der Frage des Interpretationsmaßstabs tritt konkret in Erscheinung, wenn aufgezeigt wird, dass die vollzogene Interpretation durch das LG Mannheim als abwegig anzusehen ist.

Anschließend wird im Rahmen der Verhältnismäßigkeit untersucht, ob das Grundgesetz allgemeine Wertungsvorgaben für die Herstellung praktischer Konkordanz zwischen Kunstfreiheit und dem allgemeinen Persönlichkeitsrecht bereithält. Darauf aufbauend wird die Frage beantwortet, ob der Text von „Medusablick" eine Verletzung der Menschenwürde der Geiss-Töchter darstellt. Hierfür werden die, teils unterschiedlichen, Maßstäbe der Rechtsprechung in Bezug auf Menschenwürde und Äußerungen mit Sexualitätsbezug beleuchtet und eine kritische Einordnung des Textes von „Medusablick" vorgenommen.

Anschließend folgt die eigentliche Abwägung zwischen der Kunstfreiheit des Rappers Jigzaw und des allgemeinen Persönlichkeitsrechts der Geiss-Töchter im konkreten Fall. Hierbei wird herausgearbeitet, welche Kriterien herangezogen werden können und wie diese im konkreten Fall zu gewichten sind.

Zudem wird kritisch diskutiert, inwiefern die äußere Form überhaupt noch als eine mögliche Rechtsverletzung gesehen werden kann, sobald der Aussagekern eine solche nicht enthält. Hierzu werden unterschiedliche Meinungen in Literatur und Rechtsprechung aufgezeigt und ein angemessener Maßstab zur Beurteilung der äußeren Form unter kritischer Würdigung dieser Meinungen herausgearbeitet.

Zuletzt werden die besonderen Voraussetzungen eines Schadensersatzes bei Verletzung des allgemeinen Persönlichkeitsrechts erläutert und es wird kritisch hinterfragt, ob diese Voraussetzungen hier gegeben sind.

Die Untersuchung schließt mit der Beantwortung der Frage, ob eine Verletzung der Kunstfreiheit des Rappers Jigzaw durch das Urteil vorliegt.

C. Verletzung der Kunstfreiheit durch das Urteil

Die Kunstfreiheit von Rapper Jigzaw könnte durch das Urteil verletzt sein.

I. Schutzbereich

Zunächst müsste der Schutzbereich der Kunstfreiheit aus Art. 5 III GG für den Rapper Jigzaw in sachlicher und persönlicher Hinsicht eröffnet sein.

1. Sachlicher Schutzbereich der Kunstfreiheit

Hierzu müsste das Lied „Medusablick" in den sachlichen Schutzbereich der Kunstfreiheit aus Art. 5 III GG fallen. Die Kunstfreiheit gewährt jedem, der im Bereich der Kunst tätig ist ein Recht auf freie Betätigung.[16] Um dem Schutzbereich der Kunstfreiheit zu unterfallen, müsste das Lied „Medusablick" allerdings Kunst iSd. Art. 5 III GG sein.

a) Definition von „Kunst"

Es ist bereits fraglich, inwiefern „Kunst" rechtlich definiert werden kann und sollte, denn das Grundgesetz knüpft mit „Kunst" an einen

---

16 *von der Decken* in Schmidt-Bleibtreu/Hofmann/Henneke, Art. 5 Rn. 40; *Badura*, S. 288 Rn. 79.

Begriff an, über dessen Gehalt auch außerhalb des Rechts Uneinigkeit besteht.[17]

So wird teilweise vertreten, der Versuch, „Kunst" zu definieren könne grundsätzlich nicht gelingen, da die zahlreichen Erscheinungsformen und Kunstwerke zwar Ähnlichkeiten zueinander aufweisen würden, es aber keine generelle gemeinsame Eigenschaft gäbe, welche auf jedes Kunstwerk zuträfe.[18] Auch das BVerfG spricht von der „Unmöglichkeit, Kunst generell zu definieren".[19] Zudem würde ein fester Kunstbegriff die gerade auch geschützte Entwicklung der Kunst beeinträchtigen können[20] und so bezieht sich die grundgesetzliche Freiheit der Kunst auch auf die Bestimmung darüber, was überhaupt Kunst ist.[21] Der Inhalt der Kunstfreiheit ist also nicht allein durch die Interpreten der Verfassung definierbar, denn schon dies wäre ein Eingriff in die Eigengesetzlichkeit der Kunst.[22] Teilweise wird hieraus geschlussfolgert, aus der Kunstfreiheit als Freiheitsgarantie folge konkret ein Definitionsverbot.[23]

Dies würde allerdings darauf hinauslaufen, dass jeder Einzelne die Entscheidungsgewalt darüber hat, eine eigene Handlungsweise in den Schutz der Kunstfreiheit zu stellen,[24] was wohl im Ergebnis vor allem in Streitfällen dazu führen würde, dass „alles" Kunst wäre.[25]

Wenn aber alles Kunst ist, ließe sich nicht feststellen, was durch die Kunstfreiheit überhaupt besonders geschützt ist, dann wären die Schutzbereiche aller Grundrechte letztlich mit der Kunstfreiheit identisch und Kunstfreiheit würde sich zur allgemeinen Handlungsfreiheit verflüchtigen.[26]

---

17 *Epping*, S. 139 Rn. 274; *Clemens/Zöbeley* in Umbach/Clemens, Art. 5 Rn. 230.
18 *Clemens/Zöbeley* in Umbach/Clemens, Art. 5 Rn. 230.
19 BVerfG, 03.06.1987 – 1 BvR 313/85, NStZ 1988, 21, 22.
20 *Starck* in v. Mangoldt/Klein/Starck, Art. 5 Abs. 3 Rn. 289.
21 *Hufen* in Merten/Papier, §101 Rn. 25.
22 *Hufen* in Merten/Papier, § 101 Rn. 19.
23 *Knies*, S. 216 ff.; *Raue*, S. 85.
24 *Badura*, S. 288 Rn. 79.
25 *Fallert*, GRUR 2014, 719, 719 f.
26 *Hufen* in Merten/Papier, §101 Rn. 29; *v. Arnauld* in Kahl/Waldhoff/Walter, Art. 5 Abs. 3 (Kunstfreiheit) Rn. 44.

Eine solche Ausdehnung des Schutzbereichs der Kunst würde zu einer Häufung von Eingriffen in ebenjenen führen, was der Systematik der Kunstfreiheit als vorbehaltlos gewährtes Grundrecht, dessen Eingriffe nur ausnahmsweise durch kollidierende Verfassungsgüter zu rechtfertigen sind, zuwiderläuft.[27]

Was „Kunst" ist, muss demnach definiert werden und die Festlegung gewisser Grundanforderungen an den Begriff „Kunst" ist nicht verboten, sondern verfassungsrechtlich gefordert.[28]

Allgemeingültige und abschließende Maßstäbe dafür, was „Kunst" ist, gibt es allerdings dennoch nicht.[29]

Grundsätzlich ist die Gewährleistung der Kunstfreiheit aber weit zu verstehen, unter anderem um die Staatsfreiheit der Kunst sicherzustellen und zu berücksichtigen, dass künstlerische Formen unabgeschlossen sind.[30] Dies allerdings geht nicht so weit, dass in Zweifelsfällen stets die Kunsteigenschaft bejaht werden würde, in dem Sinne, als man von einer verfassungsrechtlichen „in dubio pro arte" Regel ausgehen könnte.[31]

Schon die der Eröffnung des sachlichen Schutzbereichs zugrundeliegende Frage danach, was rechtlich zu schützende Kunst ist, zeigt das Spannungsverhältnis, in welchem sich Kunst im Recht befindet. Einerseits ist sie frei und „ihren eigenen Gesetzen" unterworfen, der Staat sollte ihr fernbleiben und keinen Einfluss nehmen, staatliches Kunstrichtertum soll ausgeschlossen werden.[32] Andererseits muss Kunst im Rahmen der Verfassung definiert werden, um der Kunstfreiheit überhaupt Geltung verschaffen zu können, und eine gewisse Wertung ist unumgänglich.[33] Dieser Zwiespalt, in welchem sich die Kunstfreiheit befindet, zieht sich durch so gut wie jede Frage, welche im Rahmen von rechtlichen Problemen diesbezüglich auftreten, so auch in diesem Fall.

---

27 *Epping*, S. 141 Rn. 279.
28 *Betghe* in Sachs, Art. 5 Rn. 183; *Kempen* in Epping/Hillgruber, Art. 5 Rn. 157.
29 *Hufner*, § 33 Rn.4.
30 BverfG, 13.6.2007 – 1 BvR 1783/05, NJW 2008, 39, 40.
31 *Kempen* in Epping/Hillgruber, Art. 5 Rn. 163.
32 *Jarass* in Jarass/Pieroth, Art. 5 Rn. 118.
33 *Wendt* in von Münch/Kunig, Art. 5 Rn. 142.

Zur Lösung dieses Spannungsverhältnisses bzgl. des Schutzbereiches bedient sich das Bundesverfassungsgericht zur Definition von Kunst dreier Kunstbegriffe, welche in Zweifelsfällen auch nebeneinander Anwendung finden.[34]

aa) Formaler Kunstbegriff

Nach dem formalen Kunstbegriff spricht es für das Vorliegen von Kunst, wenn das in Frage stehende Werk nach formaler, typologischer Betrachtung die Gattungsanforderungen eines bestimmten Werktypen erfüllt, etwa Malerei, Poesie oder Bildhauerei.[35]

Hierbei spielt die Motivation des Schaffenden keine Rolle, es geht lediglich um die Betrachtung des Ergebnisses.[36]

Diese Definition beschreibt den unzweifelhaften Bereich, kommt jedoch an ihre Grenzen, wenn Schöpfungen die bekannten Formen verlassen.[37]

Vorliegend ist „Medusablick" unzweifelhaft in die Gattung „Lied" oder „Musik" einzuordnen und unter dem formalen Kunstbegriff als Kunst iSd Art. 5 III GG zu sehen.

bb) Materieller Kunstbegriff

Nach dem materiellen Kunstbegriff spricht es für das Vorliegen von Kunst, wenn das in Frage stehende Werk das Ergebnis einer freien schöpferischen Gestaltung darstellt, in welcher „Eindrücke, Erfahrungen, Erlebnisse des Künstlers durch das Medium einer bestimmten Formensprache zu unmittelbarer Anschauung gebracht werden".[38]

34 *Kloepfer*, § 62 Rn. 4.

35 *Sodan* in Sodan, Art. 5 Rn. 37; BVerfG, 17.07.1984 – 1 BvR 816/82, NJW 1985, 261, 262.

36 *Kempen* in Epping/Hillgruber, Art. 5 Rn. 159.

37 *von Münch/Mager*, Art. 5 Abs. 3 GG: Kunstfreiheit Rn. 497.

38 BVerfG, 17.07.1984 – 1 BvR 816/82, NJW 1985, 261, 262.

Kunst wird hierbei nicht primär als Mitteilung verstanden, sondern als Ausdruck der Persönlichkeit des Künstlers.[39] Die „Formensprache" beschreibt hierbei, dass das benutzte Medium dann nicht lediglich Informationsträger ist, sondern Teil dieses Ausdrucks.[40]

Das Erfordernis einer freien schöpferischen Gestaltung bietet dann die Abgrenzung zum bloßen Reproduzieren oder zur handwerklichen/gewerblichen Produktion.[41]

Vorliegend ist „Medusablick" keine reine Reproduktion und auch keine rein handwerkliche Produktion, vielmehr bringt der Rapper Jigzaw durch das Medium des gereimten und gesungenen Textes seine Eindrücke, Erfahrungen und Erlebnisse zur unmittelbaren Anschauung. „Medusablick" ist somit nach dem materiellen Kunstbegriff Kunst iSd Art. 5 III GG.

cc) Offener Kunstbegriff

Nach dem offenen Kunstbegriff spricht es für das Vorliegen von Kunst, wenn sich das Werk im Wege einer fortgesetzten Interpretation immer neuen Deutungen erschließt.[42]

Hiernach ist die Kunst durch einen subjektiven schöpferischen Prozess gekennzeichnet, an dessen Ende ein Ergebnis steht, welches auf verschiedene Arten interpretiert werden kann.[43] Es geht um Kunst als Form der Kommunikation, welche eine unendliche vielstufige Informationsvermittlung darstellt.[44]

Hierbei ist aber nicht erforderlich, dass man die möglichen Interpretationen oder Botschaften des Künstlers benennen kann, und auch nicht, dass der Künstler überhaupt eine Botschaft übermitteln will.[45]

---

39 *Hufen* in Merten/Papier, § 101 Rn. 37.
40 *Hufen* in Merten/Papier, § 101 Rn. 36.
41 *Hufen* in Merten/Papier, § 101 Rn. 34.
42 BVerfG, 17.07.1984 – 1 BvR 816/82, NJW 1985, 261, 262.
43 *Kempen* in Epping/Hillgruber, Art. 5 Rn. 160.
44 *v. Arnauld* in Kahl/Waldhoff/Walter, Art. 5 Abs. 3 (Kunstfreiheit) Rn. 55.
45 *v. Arnauld* in Kahl/Waldhoff/Walter, Art. 5 Abs. 3 (Kunstfreiheit) Rn. 56.

Vorliegend ist „Medusablick“ auf der Textebene durch viele Aussagen gekennzeichnet, welche nicht direkt erfolgen und der Interpretation bedürfen und für eine solche offen sind. Somit ist „Medusablick“ nach dem offenen Kunstbegriff Kunst iSd Art. 5 III GG.

„Medusablick“ ist somit, unabhängig davon welches Begriffsverständnis zugrunde gelegt wird, „Kunst“ iSd Art. 5 III GG.

Es stellt sich allerdings die Frage, ob dieses Kunstwerk, für welches grundsätzlich der sachliche Schutzbereich der Kunstfreiheit eröffnet ist, auch Schutz durch diesen erfahren sollte.

b) Qualitative Bewertung?

Es stellt sich nun die Frage, ob auch qualitative, inhaltliche Bewertungen in die Frage der Schutzbereichseröffnung hineinspielen. Deutschrap im Allgemeinen und konkret das Lied „Medusablick“ werden wohl von einem nicht geringen Teil der Bevölkerung als anstößig, vulgär etc. betitelt werden. Sollte auch eine Kunst, welche vom Kunstempfinden oder Anstandsgefühl eines Großteils der Gesellschaft abweicht, den Schutz der Kunstfreiheit genießen?

Über diese Frage herrscht weitgehende Einigkeit. Laut Bundesverfassungsgericht hat keine staatliche Kontrolle von Stil, Niveau oder Inhalt der Kunst zu erfolgen.[46]

Weder Mehrheitsauffassungen, ein Anstandsgefühl aller billig und gerecht Denkenden, „Volksempfinden“, Zeitgeist oder „political correctness“ haben in Bezug auf die Kunstdefinition Aussagekraft.[47] Solche Kriterien sind nicht nur unbrauchbar, sondern sogar gefährlich, denn sie geben der subjektiven Bewertung Eingang in eine Definition, welche objektiv geschehen muss.[48]

---

46 BVerfG, 27.11.1990 – 1 BvR 402/87, NJW 1991, 1471, 1471; *Clemens/Zöbeley* in Umbach/Clemens Art. 5 Rn. 236; *Badura*, S. 289 Rn. 79.

47 *Betghe* in Sachs, Art. 5 Rn. 185.

48 *Bär*, S.106.

Zudem gibt es keinen Grund einem abstrakten und überzeitlichen Phänomen wie Kunst einen von Zeit, Region und Kulturkreis abhängigen Sittenkodex aufzuerlegen.[49]

Die Geschichte zeigt außerdem, dass Kunst in der Lage ist sich gegen das Kunstempfinden der Mehrheit durchzusetzen.[50] Ein wichtiges Merkmal der Kunst ist gerade die Provokation und Polemik gegen traditionelle Normen im sittlichen oder gesellschaftlichen Sinne.[51] Somit besteht eines der Anliegen der Kunst eben in Grenzüberschreitungen und dem Brechen von Tabus.[52]

Einer wie auch immer gearteten qualitativen Bewertung der Kunst steht außerdem die Funktion der Kunstfreiheit als Schutz der Freiheit des Einzelnen und nicht als Schutz der (wertvollen) Kunst selbst entgegen.[53] Die Kunstfreiheit schützt also nicht das „wertvolle" Kunstwerk, sondern den eigenständigen Lebensbereich Kunst.[54]

Gerade in der staatsabwehrenden Funktion der Kunstfreiheit, welche darauf abzielt den Staat von der Kunst fernzuhalten und ihr einen freien Raum zu gewähren, darf der Staat also keine wertenden Einengungen vornehmen.[55]

Eine qualitative Bewertung hat allerdings nicht nur im Rahmen des Schutzbereichs zu unterbleiben, sondern darf generell in rechtlichen Bewertungen von Kunst nicht stattfinden.

Dies spricht somit nicht gegen eine Eröffnung des Schutzbereichs der Kunstfreiheit aus Art. 5 III GG. Allerdings steht vorliegend in Frage, ob Jigzaw mit dem Lied „Medusablick" das Persönlichkeitsrecht der Geiss-Töchter verletzt hat. Das Landgericht Mannheim bejahte dies mit der Begründung einer angeblich beschriebenen Vergewaltigung und Verherrlichung der Ermordung der Geiss-Töchter.[56] Dies würde

---

49 *Bär*, S.107.

50 *Kempen* in Epping/Hillgruber, Art. 5 Rn. 165.

51 *Vlachopoulos*, S.130.

52 *Schack*, S. 312 Rn. 596.

53 *Knies*, S. 215 f.

54 BGH, 3.6.1975 – VI ZR 123/74, NJW 1975, 1882, 1884.

55 *Vlachopoulos*, S. 92 f.

56 LG Mannheim, 13.11.2019 – 14 O 173/19, https://openjur.de/u/2341317.html.

wohl, wenn der Argumentation des Landgerichts zu folgen wäre, auf eine Verletzung der Menschenwürde hinauslaufen. Sollte dann das Lied „Medusablick" dennoch von der Kunstfreiheit aus Art. 5 III GG geschützt werden?

c) Schutzbereichsbegrenzung durch Rechte Dritter?

Der grundsätzlich eröffnete Schutzbereich der Kunstfreiheit könnte begrenzt bzw. verengt werden, sollte es sich bei dem in Frage stehenden Werk um einen Verstoß gegen die Menschenwürde und/oder eine Schmähkritik handeln. Ob dies der Fall wäre, ist umstritten.[57]

Für eine solche Begrenzung des Schutzbereichs könnte sprechen, dass auch andere Freiheitsrechte bereits im Schutzbereich eingegrenzt werden können. So besteht die Meinungsfreiheit gem. Art. 5 I GG nicht für die bewusste Lüge[58] und die Berufsfreiheit nach Art. 12 I GG kommt nicht „hinsichtlich solcher Tätigkeiten in Betracht, die schon ihrem Wesen nach als verboten anzusehen sind, weil sie auf Grund ihrer Sozial- und Gemeinschaftsschädlichkeit schlechthin nicht am Schutz durch das Grundrecht der Berufsfreiheit teilhaben können."[59]

Bezogen auf die Kunstfreiheit wird sodann angeführt, es sei ein allgemeiner Grundsatz in Bezug auf die Freiheitsrechte, sozial- oder gemeinschaftsschädliche Tätigkeiten von vorneherein vom Schutzbereich auszuschließen.[60] Ebenfalls wird angeführt, dass alles, was nach abstrakter Abwägung und unter keinen denkbaren Gesichtspunkten eine Vorrangstellung gegenüber einem anderen Rechtsgut begründe, aus dem Schutzbereich der Kunstfreiheit fallen solle.[61]

Denn die Eröffnung des Schutzbereichs in Fällen, in denen die Abwägung per se ergebe, dass die Kunstfreiheit zurücktritt, führe nur

---

57 Dafür: *Dierksmeier* in JZ 2000, 883, 887.

58 BVerfG, 13.04.1994 – 1 BvR 23/94, NJW 1994, 1779, 1779.

59 BVerfG, 28. 3. 2006 – 1 BvR 1054/01, NJW 2006, 1261, Rn. 83.

60 *Betghe* in Sachs, Art. 5 Rn. 198c.

61 *Starck* in v. Mangoldt/Klein/Starck, Art. 1 Abs. 3 Rn. 322.

zu überflüssiger Komplexität.[62] Gerade in Fällen der Menschenwürdeverletzung habe der Verfassungsgeber die Abwägung bereits vorweggenommen, was dazu führe, dass der Schutzbereich also bereits nicht eröffnet sein könne.[63] Denn wo eine Abwägung tatsächlich ausscheide, liege im strengen Sinne keine Schranke mehr vor, sondern eine Begrenzung des Schutzbereichs.[64]

Die Schutzbereichsbestimmung der Kunstfreiheit geschehe demnach nicht zur Feststellung, ob etwas Kunst ist oder nicht, sondern um festzustellen was innerhalb der menschenwürdeorientierten Verfassung als Kunst anzuerkennen sei.[65] Hierfür spreche, dass die Menschenwürde grundlegender Fundamentalwert des Grundgesetzes sei und alle anderen Grundrechte, somit auch die Kunstfreiheit, im Lichte der Menschenwürde auszulegen seien, was dazu führe, dass ein Verhalten welches eine Verletzung der Menschenwürde darstelle kein verfassungskonformes Schutzgut mehr sein könne.[66]

Nach anderer Ansicht solle der Schutzbereich mit einer „Missbrauchsklausel" verknüpft werden, was dazu führe, dass in den evidenten und krassen Fällen, in denen ein allgemeiner Konsens darüber bestehe, dass es dem Künstler nicht um Schöpfung von Kunst gehe, sondern die künstlerische Form lediglich Einkleidung sei, der Schutzbereich nicht eröffnet sei.[67]

Hierfür wird angeführt, dass eine ansonsten stattfindende Abwägung in Bezug auf Inhalte und Kriterien zur Prognose des Ergebnisses immer mit zahlreichen Unsicherheiten behaftet sei.[68] Dies könnte zu einem Verlust an Rechtssicherheit führen, da das konkrete Abwägungsergebnis stets subjektiv durch den/die Richter erfolgt und somit sollte die Rechtsfindung durch Abwägung grundsätzlich nur ein Notbehelf

62 Bezogen auf Meinungsfreiheit: *Cremer* in NVwZ 2023, 1463, 1465.
63 *Muckel* in Dörr/Fink/Hillgruber/Kempen/Murswiek, S. 357.
64 *Dierksmeier* in JZ 2000, 883, 887.
65 *Dierksmeier* in JZ 2000, 883, 888.
66 *Dierksmeier* in JZ 2000, 883, 888.
67 *Vlachopoulos*, S. 111 f.; *Regge/Pegel* in Erb/Schäfer, § 193 Rn. 61.
68 *Muckel* in Dörr/Fink/Hillgruber/Kempen/Murswiek, S. 351.

sein.[69] Die ansonsten in der Abwägung bestehende Argumentationslast solle dann schon bei der Frage aufgegriffen werden, ob überhaupt ein fremdes Rechtsgut verletzt ist, welches dann die Schutzbereichseröffnung verhindern könnte.[70]

Ebenfalls wird angeführt, andernfalls wäre es leicht möglich, die Kunst als Deckmantel zu benutzen, herabsetzende Äußerungen durch beispielsweise Darstellung in Reimform in den Bereich der Kunst zu verlagern und somit die Möglichkeit von straf- oder zivilrechtlichen Verurteilungen zu verringern.[71]

Doch sieht sich eine solche Schutzbereichsbegrenzung zahlreichen Gegenargumenten ausgesetzt.

Zunächst würde sie die Bestimmtheit der Reichweite des Schutzbereichs gefährden.[72] Gerade bei der schwierigen bis unmöglichen Definition des Kunstbegriffs könnte eine vorzeitige Schutzbereichsbegrenzung eher für weniger als für mehr Rechtssicherheit sorgen und die Kunstfreiheitsgarantie bedeutet zudem auch ein Verbot allgemein verbindliche Regeln für den Schaffensprozess vorzuschreiben.[73] Gerade dies würde aber geschehen, ließe man generell bestimmte Rechtsverletzungen bereits den Schutzbereich der Kunstfreiheit versagen. Die Verlagerung dieser Probleme von der Schutzbereichsbestimmung auf den Bereich der Schranken ist demnach Respekt vor der Vielfalt und Offenheit der Kunst.[74]

Außerdem bestünde die Gefahr, dass solche immanenten Grenzen die Kunstfreiheit in ein normgeprägtes Grundrecht verwandeln und die Freiheit der Kunst nur noch in staatlich und/oder gesellschaftlich zugelassenen Formen eröffnet würde.[75]

Der Schutzbereich vorbehaltloser Grundrechte darf zudem nicht verkürzt werden, denn die zu Grunde gelegte Unbeschränkbarkeit

69 *Muckel* in Dörr/Fink/Hillgruber/Kempen/Murswiek, S. 351.
70 *Lerche* in Jacobs/Papier/Schuster, S. 219.
71 *Kiesel* in NVwZ 1992, 1129, 1136 f.
72 *Bülow*, S.44.
73 BVerfG, 24. 2. 1971 – 1 BvR 435/68, NJW 1971, 1645, 1646.
74 *Hufen* in Merten/Papier, § 101 Rn. 20.
75 *v. Arnauld* in Kahl/Waldhoff/Walter, Art. 5 Abs. 3 (Kunstfreiheit) Rn. 87.

muss erhalten werden.[76] Gegen die angebliche Gefahr, man würde ermöglichen die Kunst nur als „Deckmantel" zu benutzen, spricht das Verbot eines Kunstrichtertums. Denn die Feststellung ob die Kunst im konkreten Fall tatsächlich nur als Deckmantel benutzt wurde oder nicht muss sich zwangsläufig immer auf die subjektive Motivation des Künstlers beziehen. Diese allerdings ist nicht objektiv beweisbar und damit entspricht eine Untersuchung danach, ob die Kunst nur als Deckmantel benutzt worden sei, stets einer inhaltlichen Bewertung ebenjener.

Eine pauschale Schutzbereichsbegrenzung führt somit nicht zu angemessenen und differenzierten Lösungen. Konkret auf die in diesem Fall in Frage stehenden Persönlichkeitsrechtsverletzungen ist zudem anzuführen, dass die Verfassung das Recht der persönlichen Ehre in Art. 5 II GG zu den Schranken gezählt hat, welche für die Rechte aus Absatz eins gelten. Die Kunstfreiheit ist von der Verfassung weniger Schranken unterworfen, die Ehre kann daher nicht zugleich schon den Schutzbereich der Kunstfreiheit begrenzen.[77] Ebenso verhält es sich, betrachtet man die strafrechtlichen Normen zum Schutz der Ehre. Die Beleidigung nach StGB ist nicht so strukturiert, dass bereits die Erfüllung des Tatbestandes die Eröffnung des Schutzbereichs der Kunstfreiheit ausschließt, vielmehr müssen die Tatbestandsvoraussetzungen im Lichte der Kunstfreiheit ausgelegt, somit eine Abwägung vollzogen werden.[78]

Weiter spricht auch die Rechtsprechung des Bundesverfassungsgerichts hiergegen, welches beispielsweise den Roman „Mephisto" zwar als Schmähschrift beschreibt, dennoch aber als Kunstwerk einordnet.[79]

Unabhängig der Frage, ob möglicherweise die Menschenwürde der Geiss-Töchter hier verletzt ist, ist der Schutzbereich der Kunstfreiheit also eröffnet.

---

76 *Betghe* in Sachs, Art. 5 Rn. 188.

77 *Muckel* in Dörr/Fink/Hillgruber/Kempen/Murswiek, S. 359.

78 *Betghe* in Sachs, Art. 5 Rn. 198d.

79 *Borutta,* S. 70.

d) Abgrenzung zur Meinungsfreiheit und Berufsfreiheit

Es stellt sich nun die Frage, wie damit umzugehen ist, dass der Text des Liedes „Medusablick" auch Elemente der Stellungnahme, des Dafürhaltens, des Meinens im Rahmen einer geistigen Auseinandersetzung enthält und damit auch als Kundgabe einer Meinung im Sinne der Meinungsfreiheit nach Art. 5 I GG einzuordnen ist. Grundsätzlich kann der kommunikative Gehalt eines Kunstwerkes als Meinung angesehen werden und dementsprechend in den Schutzbereich des Art. 5 I GG fallen.[80]

Kunstfreiheit geht als spezielles Grundrecht aber vor und die Meinungsfreiheit tritt bezüglich des Ausgedrückten zurück.[81] Auch mittels eines Werkes hervorgebrachte Meinungsäußerungen genießen also den Schutz der Kunstfreiheit.[82]

Dasselbe gilt bezüglich der Berufsfreiheit aus Art. 12 GG. Der Rapper Jigzaw verdient mit der Kunst seinen Lebensunterhalt, tut dies also berufsmäßig, doch auch gegenüber Art. 12 GG ist die Kunstfreiheit spezieller und verdrängt diese.[83]

Der Schutzbereich der Kunstfreiheit ist hier somit sachlich eröffnet und wird auch nicht von anderen Grundrechten verdrängt.

e) Reichweite des sachlichen Schutzbereichs

Kunst ist nicht nur Schöpfung, sondern auch Kommunikation und erstreckt sich damit auch auf die Vermittlung der Schöpfung.[84] Die Kunstfreiheit besteht somit sowohl für den Werkbereich, also die künstlerische Betätigung an sich, als auch für den Wirkbereich, die

80 *Busche* in JA 2022, 925, 927.

81 *Hufen* in Merten/Papier, §101 Rn. 64; BVerfG, 07.03.1990 – 1 BvR 266/86, 1 BvR 913/87, NJW 1990, 1982, 1983.

82 *Siegle,* S. 69.

83 *Starck* in v. Mangoldt/Klein/Starck, Art. 5 Abs. 3 Rn. 313.

84 *Schmitt-Glaeser* in Isensee/Kirchhof, § 38 Rn. 24.

Verbreitung des Kunstwerkes und die Einwirkung des Künstlers auf die Öffentlichkeit.[85]

2. Persönlicher Schutzbereich

Des Weiteren müsste der Schutzbereich auch in persönlicher Hinsicht eröffnet sein.

Grundrechtsträger der Kunstfreiheit ist jeder, der sich künstlerisch betätigt.[86]

Der persönliche Schutzbereich der Kunstfreiheit ist somit eröffnet für alle künstlerisch tätigen natürlichen Personen und auch für diejenigen, die eine unentbehrliche Mittlerfunktion für die Erstellung und Verbreitung der Kunst innehaben.[87] Der Rapper Jigzaw ist eine künstlerisch tätige natürliche Person, der persönliche Schutzbereich ist also eröffnet.

3. Zwischenergebnis

Der Schutzbereich der Kunstfreiheit gem. Art. 5 III GG ist vorliegend eröffnet.

II. Eingriff

Es müsste ein Eingriff in die Kunstfreiheit vorliegen.

Ein Eingriff ist jede Verkürzung des Schutzbereichs durch den Staat.[88]

---

85 *Wendt* in von Münch/Kunig, Art. 5 Rn. 145; *Clemens/Zöbeley* in Umbach/Clemens, Art. 5 Rn. 238; *Betghe* in Sachs, Art. 5 Rn. 188; *Bleckmann,* § 26 Rn. 148; *Delp,* S. 102 Rn. 155.

86 *Bleckmann,* § 26 Rn. 158.

87 *von der Decken* in Schmidt-Bleibtreu/Hofmann/Henneke, Art. 5 Rn. 42; *Betghe* in Sachs, Art. 5 Rn. 191.

88 *Lang* in Epping/Hillgruber, GG Art. 2 Rn. 50.

Dies ist aber nicht auf staatliche Ge- und Verbote beschränkt, sondern kann auch durch Sanktionen straf- oder zivilrechtlicher Natur oder dem Unterlassen einer werkgerechten Auslegung durch ein Gericht geschehen.[89]

Unabhängig von der Frage ob von einer mittelbaren Drittwirkung der Grundrechte[90] oder der Pflicht zur verfassungskonformen Auslegung[91] ausgegangen wird, bilden die Grundrechte eine objektive Werteordnung, an welche die Rechtsprechung bei Rechtsanwendung gebunden ist und welche auch im Zivilprozess Beachtung finden muss.[92] Ein Eingriff in den Schutzbereich der Kunstfreiheit kann somit auch in einem zivilrechtlichen Urteil bestehen.

Vorliegend wurde Rapper Jigzaw gerichtlich zur Unterlassung bestimmter Textzeilen und zur Zahlung eines Schadensersatzes verpflichtet. Beide Sanktionen stellen für sich je einen Eingriff in die Kunstfreiheit dar.

III. Rechtfertigung

Der Eingriff in die Kunstfreiheit müsste weiter auch gerechtfertigt sein.

1. Schranken

Hierzu müsste die Kunstfreiheit zunächst überhaupt einschränkbar sein. Art. 5 III GG selbst enthält keine Schranke. Gegen eine Anwendung der Schrankenbestimmungen aus Art. 5 II GG auf die Kunstfreiheit aus Art. 5 III GG spricht die systematische Stellung, die Spezialität der Kunstfreiheit gegenüber der Meinungsfreiheit und der Wortlaut.[93]

---

89 *Hufner*, § 33 Rn. 25.

90 Ablehnend: *v. Arnauld* in Kahl/Waldhoff/Walter, Art. 5 Abs. 3 (Kunstfreiheit) Rn. 109.

91 *Kulick* in NJW 2016 2236–2241.

92 BVerfG, 15. 1. 1958 – 1 BvR 400/57, NJW 1985, 257, 257.

93 *Schwamborn* in JA 2023, 833, 383; *Betghe* in Sachs, Art. 5 Rn. 197; *Hufen* in Merten/Papier, § 101 Rn. 80.

Auch eine Anwendung der Schranken aus Art. 2 I GG (Schrankenleihe) ist wegen der Subsidiarität der allg. Handlungsfreiheit nicht möglich.[94]

Aus der Gemeinschaftsbezogenheit und -gebundenheit des Individuums folgt aber, dass die Kunstfreiheit nicht vollkommen schrankenlos gewährt sein kann.[95] Denn schrankenlose, damit grenzenlose, Rechte (mit Ausnahme der Menschenwürde aus Art. 1 GG) sind nicht vorstellbar, diese würden immer mit anderen grenzenlosen Rechten kollidieren können und so doch eingeschränkt werden müssen.[96]

Kunstfreiheit ist demnach zwar vorbehaltlos gewährt, findet ihre Schranken aber in anderen verfassungsrechtlichen Rechtspositionen.[97] Bei Normenkollisionen sind die Vorschriften dann einander verhältnismäßig mit dem Ziel zuzuordnen, beide zu optimaler Wirksamkeit und Geltung kommen zu lassen.[98]

Dies gilt, entgegen anderslautenden Ansichten, sowohl für den Werk-, als auch für den Wirkbereich, denn der Zweck eines Kunstwerks besteht zumeist in der Verbreitung an ein möglichst großes Publikum, der Wirkbereich ist also nicht lediglich Randbereich der Kunstfreiheit.[99] Die Annahme, der Werkbereich wäre stärker geschützt als der Wirkbereich verkennt demnach die soziale Bedeutung der Kunst.[100] Denn diese lebt gerade von der Wahrnehmung Dritter und ist insofern auf den Schutz des Wirkbereiches angewiesen.[101]

Wirk- und Werkbereich sind demnach gleichrangig und der Übergang zwischen den Bereichen ist fließend.[102]

Somit sind sowohl Wirk- als auch Werkbereich vorbehaltlos gewährt und finden demnach ihre Schranken in anderen verfassungsrechtlichen Rechtspositionen. Ein solches entgegenstehendes Verfas-

---

94 *Schwamborn* in JA 2023, 833, 383; *Betghe* in Sachs, Art. 5 Rn. 197.

95 *Wendt* in von Münch/Kunig, Art. 5 Rn. 147; *Bülow,* S. 42.

96 *Delp,* S. 104. Rn. 157.

97 *Betghe* in Sachs, Art. 5 Rn. 195.

98 *Buscher* in NVwZ 1997, 1057, 1062; *Badura,* S. 289 Rn. 79.

99 *Fischer,* S. 82.

100 *v. Arnauld* in Kahl/Waldhoff/Walter, Art. 5 Abs. 3 (Kunstfreiheit) Rn. 117; *Beisel* S. 159.

101 *Borutta,* S. 86.

102 *Bülow,* S.44.

sungsrecht liegt hier in Form des allgemeinen Persönlichkeitsrechts der Geiss-Töchter aus Art. 2 I GG i.V.m. Art. 1 I GG vor.

2. Schranken-Schranken

Die Schranken müssten wiederum rechtmäßig angewandt worden sein. Hierfür müsste zunächst ein mit der Kunstfreiheit im konkreten Fall kollidierendes Verfassungsrecht berührt sein. Die beiden sich sodann gegenüberstehenden Verfassungsrechte müssten durch den Eingriff zudem zu einem verhältnismäßigen Ausgleich, zu praktischer Konkordanz, gebracht worden sein.[103]

a) Kollidierendes Verfassungsrecht

Durch die Textzeilen in „Medusablick" müsste also ein anderes Verfassungsgut, vorliegend das allgemeine Persönlichkeitsrecht der Geiss-Töchter aus Art. 2 I GG i.V.m. Art. 1 I GG, berührt sein.

aa) Werkgerechte Interpretation

Um herauszufinden, ob das in Frage stehende Kunstwerk ein anderes Rechtsgut berührt, ist dieses zunächst werkgerecht zu interpretieren.[104]

(1) Maßstab

Hier stellt sich zunächst die Frage, welcher Maßstab innerhalb des Interpretationsvorgangs anzuwenden ist. Dies ist umstritten und die Ansichten reichen von einem Maßstab eines unbefangenen Durchschnitts-

---

103 *Clemens/Zöbeley* in Umbach/Clemens, Art. 5 Rn. 260.

104 *v. Arnauld* in Kahl/Waldhoff/Walter, Art. 5 Abs. 3 (Kunstfreiheit) Rn. 119; *Clemens/Zöbeley* in Umbach/Clemens, Art. 5 Rn. 260.

empfängers[105] bis hin zu einem Maßstab eines mit der jeweiligen Kunstform vertrauten Empfängers unter Berücksichtigung der Besonderheiten der jeweiligen Kunstgattung.[106]

So wird vertreten, es gehe bei der Interpretation des Werkes um die Frage ob eine Persönlichkeitsrechtsverletzung vorliege oder nicht, und diese Frage entscheide sich anhand der generellen Aufnahme des Rezipienten, eine kunsttheoretische Beurteilung des Werkes sei deshalb hier nicht angebracht.[107] Hierfür wird angeführt, dass es bei der Interpretation des Werks, anders als bei der Frage nach der generellen Eröffnung der Kunstfreiheit für das Werk, nicht mehr primär um die Kunstfreiheit gehe, sondern um das entgegenstehende Recht. Während also für die Eröffnung des Schutzbereichs ein Durchschnittsempfinden nicht maßgeblich sein könne, habe die mögliche, durch Interpretation festzustellende, Betroffenheit des allgemeinen Persönlichkeitsrechts mit der Kunstfreiheit selbst zunächst nichts zu tun.[108] Es komme bei dieser von jedem künstlerischen Aspekt absehenden Betrachtung somit auf die Auffassung des unbefangenen Durchschnittslesers oder -Hörers an.[109] Weiter wird angeführt, ein solcher Maßstab bilde das angemessene Mittel zwischen Künstler und möglicherweise Geschädigtem, denn es könne weder auf die Interpretation durch den Adressaten, noch auf Absichten des Künstlers ankommen, und so bilde der Durchschnittsempfänger die Einbruchstelle für Kommunikationsvorstellungen der Öffentlichkeit.[110] Gerade bezogen auf Äußerungsdelikte liege die Handlung zwar im Äußern selbst, das Wesentliche aber sei eben nicht die Äußerung selbst, sondern ihr Zugang bei jedem einzelnen Empfänger.[111] Denn Kommunikation bedeute immer sich der Interpretation von Dritten nach deren Regeln auszusetzen.[112]

---

105 *Ladeur/Gostomzyk* in NJW 2005 566, 568; VGH München, 04.10.1983 – 21 B 83 A 794, NJW 1984, 1136, 1137.

106 *Klass* in ZUM 2023, 428, 443; *Gärtner*, S. 98.

107 *Starck* in v. Mangoldt/Klein/Starck, Art. 5 Abs. 3 Rn. 335.

108 *Fischer*, S. 66.

109 BGH, 03.06.1975 – VI ZR 123/74, NJW 1975, 1882, 1883.

110 *Seibert* in Grewendorf, 336.

111 *Foth*, JR 1996 250, 253.

112 *Seibert* in Grewendorf, 338.

Das Bundesverfassungsgericht wiederum beschritt in seinem Urteil zum „Anachronistischen Zug" einen Mittelweg und beschrieb, es könne weder auf einen in künstlerischen Erscheinungsformen völlig Unbewanderten, noch auf einen umfassend künstlerisch Gebildeten als Interpret abgestellt werden, zumindest dann nicht, wenn sich die Äußerung auf offener Straße an ein beliebig zusammengesetztes Publikum richte. Hiernach soll der Maßstab das Verständnis eines Betrachters sein, welcher bereit ist, das gesamte Werk zu berücksichtigen.[113]

Sobald sich das Kunstwerk also an ein beliebig zusammengesetztes Publikum richte, solle auf das Verständnis eines durchschnittlichen Empfängers ohne künstlerische Vorbildung im konkreten Bereich abgestellt werden.[114]

Im vorliegenden Fall wurde das Lied „Medusablick" hauptsächlich im Internet verbreitet und richtete sich somit grundsätzlich an ein beliebig zusammengesetztes Publikum. In Zeiten des Internets allerdings, aufgrund der Verbreitung in einem Massenmedium, den Maßstab eines Durchschnittsempfängers anzuwenden erscheint problematisch. Zwar ist es grundsätzlich so, dass es in Zeiten moderner Massenkommunikationsmittel niemals abschätzbar ist, wer mit einem Kunstwerk in Berührung kommt und wer nicht,[115] doch lassen sich gerade durch die Verbreitung des Internets gewisse Tendenzen ausmachen. Denn die Verbreitung des Internets selbst hat zu einer Änderung des allgemeinen Konsumverhaltens geführt. Während es zu Zeiten des „Anachronistischen Zuges" noch so war, dass nur Nischenkunst aktiv vom Kunstliebhaber gesucht werden musste, indem er beispielsweise zu einer bestimmten Ausstellung ging, und Kunst in den Massenmedien Fernsehen und Radio den Menschen vorgesetzt wurde, der Rezipient hierbei also passiv war, ist dies im Internet anders.

Denn hier gibt es eine Verschiebung vom sogenannten „push" zum „pull". Den Konsumenten werden im Internet nicht mehr gewisse Dinge ohne ihr Zutun vorgesetzt („push"), mit welchen sie womöglich

113 BVerfG, 17.07.1984 – 1 BvR 816/82, NJW 1985, 261, 263.
114 *Oglakcioglu/Rückert*, ZUM 2015, 876, 880.
115 *Fischer*, S. 65.

vorher keinerlei Berührungspunkte hatten, stattdessen erfordert der Kunstkonsum im Internet grundsätzlich ein eigenes aktiv werden des Konsumenten („pull").

Um konkret zu werden: Zwar wurde das Lied „Medusablick" über das Internet, ein Massenmedium, verbreitet und war damit grundsätzlich jedem zugänglich, doch warum sollte jemand, der mit der Kunstform Deutschrap nichts zu tun hat überhaupt aktiv nach diesem Lied suchen, um es konsumieren zu können?

Zwar werden dem Nutzer auch im Internet, beispielsweise bei YouTube oder Spotify, bestimmte Werke vorgeschlagen, welche er nicht erst aktiv selbst suchen muss, doch auch diese Vorschlag-Algorithmen funktionieren nach dem Prinzip, dass einem Konsumenten nur das vorgeschlagen wird, was ihn mit einer gewissen Wahrscheinlichkeit interessiert. Einem mit der Kunstform Deutschrap völlig Unbewanderten Rezipienten wird Deutschrap somit auch nicht vorgeschlagen.

Die in den letzten Jahren bis Jahrzehnten stattgefundene Fragmentierung der Medien sorgt also dafür, dass sich auch die Zuschauergruppen fragmentieren, und ein nahezu abgeschottetes Publikum bilden.[116] Das allgemeine Persönlichkeitsrecht schützt das eigene Persönlichkeitsbild in der Öffentlichkeit. Genau diese Öffentlichkeit wird aber, generell sowie auch im betrachteten konkreten Fall, zumeist über Medien hergestellt.[117] Und das Internet sorgt, wie beschrieben, für eine Fragmentierung dieser Öffentlichkeit, was sich wiederum auch auf die rechtliche Beurteilung in Streitfragen des allgemeinen Persönlichkeitsrechts auswirken sollte.

Ein Konsument ohne künstlerische Vorbildung im konkreten Genre wird also weder aktiv nach dem Lied suchen, noch wird es ihm vorgeschlagen werden. Der Inhalt einer Äußerung aber muss interpretiert werden anhand des Maßstabs des Kreises, für den sie bestimmt war.[118] Andernfalls würde eine Deutung generell anhand eines homogenen,

116 *Gosche,* S. 110.
117 *Gosche,* S. 100.
118 *Hilgendorf* in Hilgendorf/Hörnle/Nestler, § 185 Rn. 20.

„durchschnittlichen" Publikums stattfinden, welches in der Realität nicht vorzufinden ist.[119]

Lediglich aufgrund der Veröffentlichung im Internet, und damit der grundsätzlichen Möglichkeit der Rezeption durch ein beliebiges Publikum, bei der Interpretation auf den Maßstab eines durchschnittlichen Empfängers ohne konkrete künstlerische Vorbildung zu setzen erscheint somit nicht angebracht, zumal heutzutage durch die Möglichkeit der Verbreitung durch Massenmedien jedwede Kunst einem Massenpublikum zugänglich ist. Es kann daher nicht von der Massentauglichkeit einer Kunstform abhängen, ob diese anderen Maßstäben unterworfen wird als Nischenkunst.[120]

Auch der Fakt, dass das Lied durch die Klage der Geiss-Töchter und den anschließenden Prozess in der Presse thematisiert wurde und damit einem größeren, wohl tatsächlich im konkreten Genre ungebildeten, Publikum bekannt wurde, kann hieran nichts ändern. Denn den Grund für die Erweiterung dieses Publikums setzten die Geiss-Töchter zum Einen selbst und zum Zweiten fand die Presseberichterstattung auch erst nach der Erhebung der Klage statt.

Als weiterer Anknüpfungspunkt zur Bestimmung eines angemessenen Interpretationsmaßstabs wird sodann vertreten, es komme darauf an, inwieweit die in dem Kunstwerk verkörperte Aussage künstlerisch verfremdet sei.[121] Erst eine solche künstlerische Verfremdung der Aussage solle demnach zu einer Interpretation anhand eines differenzierten und verständigen Maßstabes führen, ohne künstlerische Verfremdung solle stattdessen auf die Rezeption eines Durchschnittsempfängers abgestellt werden.

Hiergegen sprechen die bereits zur Frage der Definition von „Kunst" behandelten Probleme einer qualitativen Bewertung von Kunst. Denn wenn nur diejenige Kunst, welche ausreichend verfremdet ist und sich ausschließlich an ein kunstgewandtes Publikum richtet,

119 *Gosche,* S. 161.

120 *Oglakcioglu/Rückert,* ZUM 2015, 876, 880.

121 *Regge/Pegel* in Erb/Schäfer, § 185 Rn. 24; *Hilgendorf* in Hilgendorf/Hörnle/Nestler, § 185 Rn. 24.

das Privileg der Auslegung durch einen mit der Kunstform vertrauten Empfänger genießt, würde im Ergebnis eben doch eine qualitative Bewertung der Kunst innerhalb der Rechtsanwendung stattfinden.[122]

Die, unbeachtlich qualitativer Bewertungen, eröffnete gleiche Freiheit bedeutet aber auch Gleichheit in der Freiheitsbeschränkung, welche bereits in der Interpretation des Werkes zum Tragen kommt, und somit besteht in der Kunstfreiheit ein „qualitatives Differenzierungsverbot".[123]

Demnach scheidet eine unterschiedliche Behandlung, auch innerhalb der Interpretation, welche sich auf qualitative Kriterien wie die künstlerische Verfremdung bezieht, aus.

Schlussendlich ist festzuhalten, dass künstlerische Elemente und Stilmittel nicht jedem Betrachter gleichermaßen bekannt sind, was dafür spricht in der Interpretation nicht auf einen durchschnittlichen, sondern auf einen der jeweiligen Kunstform verständigen Erklärungsempfänger abzustellen.[124]

Jeder weniger differenziertere Interpretationsmaßstab birgt stets die Gefahr, der jeweiligen Kunstform nicht gerecht zu werden und ihre künstlerischen Darstellungsformen nicht zu verstehen. Im Extremfall ließe die Betrachtung durch die Augen eines Rezipienten, welcher Kunst nicht von Nicht-Kunst unterscheiden kann und somit Kunst als Sachbericht versteht, Kunstfreiheit an sich tatsächlich ins Leere laufen.[125] Kunst soll zum Denken und Befassen anregen, das Abstellen auf einen Durchschnittsempfänger der sich ansonsten nicht weiter mit dem jeweiligen Genre befasst, würde den Künstler dann aber haftbar machen für das Nicht-Denken, die Irrationalität, der Anderen.[126] Ebenfalls ist gegen jedwede Art von „Durchschnittsempfänger" anzuführen, dass dieser Durchschnitt real nicht zu ermitteln ist und somit würde

122 *Oglakcioglu/Rückert*, ZUM 2015, 876, 880.
123 *Knies*, S. 221.
124 *Valerius* in Heintschel-Heinegg/Kudlich, § 185 Beleidigung, Rn. 33.
125 *Bülow*, S. 50.
126 *Rittig* in Dankert/Lothar, 203, 232.

im Ergebnis ein zwar objektiv anmutender, in der Realität aber subjektiv-beliebiger Maßstab des jeweiligen Gerichts angewendet werden.[127]

Bei der Interpretation ist somit der Maßstab eines mit der jeweiligen Kunstform vertrauten Empfängers anzulegen.

(2) Trennung von Inhalt und Form?

Der Maßstab der Interpretation ist festgestellt, es stellt sich nun die Frage nach dem konkreten Vorgehen bei der Interpretation und Bewertung des Werkes.

Bezüglich der Untersuchung von Satire hat die Rechtsprechung ein besonderes Vorgehen entwickelt, welches auf den vorliegenden Fall übertragbar sein könnte.[128]

Bei Vorliegen von Satire und/oder Karikaturen findet bezogen auf das Kunstwerk eine zweistufige Prüfung statt, in welcher zunächst der Aussagekern des Werkes von seiner satirischen Form befreit und auf eine mögliche Rechtsverletzung hin überprüft wird, bevor in einem zweiten Schritt auch die satirische Form selbst Teil der Prüfung wird.[129] Dies soll der Tatsache Rechnung tragen, dass satirische Äußerungen neben dem vordergründig Ausgedrückten auch noch einen tieferen Sinn haben.[130] Zwar ist ein wesentliches Merkmal der Satire ihr aggressiver Charakter, bei welchem der Kontrahent verbal attackiert wird,[131] dies aber geschieht zumeist nicht nur um des Angriffs Willen, sondern zur Darstellung einer bestimmten Norm, auf welche sich der Künstler bezieht und deren Verstoß er dem Angegriffenen anlastet.[132] Ein explizites Aussprechen der Norm, also des Ideals auf welches Bezug genommen wird, ist hierbei nicht notwendig.[133] Die Bezugnahme auf ein Ideal

127 *Bünnigmann*, S. 397.
128 RGSt 62, 183.
129 BVerfG 03.06.1987 – 1 BvR 313/85, NJW 1987, 2661, 2661; *Füglein*, S. 101.
130 *Fischer*, S. 62.
131 *Gärtner*, S. 22.
132 *Erhardt*, S. 136.
133 *Erhardt*, S. 143.

unterscheidet die Satire allerdings vom reinen Schmähgedicht.[134] Dass die Satire sich, zur Einkleidung ihrer eigentlichen Aussage, zumeist der Elemente der Übertreibung, Verkürzung und Verzerrung bedient muss dementsprechend bei der werkgerechten Interpretation und Beurteilung berücksichtigt werden und die übertriebene und überspitzte äußere Form darf nicht mit dem dahinterstehenden Aussagekern verwechselt werden.[135]

Bei der Bewertung der Einkleidung ist wegen der Eigenarten der Satire sodann ein weniger strenger Maßstab anzulegen als beim Aussagekern selbst.[136] Die äußere Form ist ja gerade nicht ernst gemeint.[137]

Es wird vertreten, diese zweistufige Prüfungsmethodik der Satire auch auf „Gangster-" und/oder „Battle-Rap" anzuwenden.[138]

Hierfür spricht, dass diese besondere Prüfungsmethodik der Satire dem Umstand Rechnung trägt, dass die reine äußere Form der Satire unter genauerer Betrachtung lediglich ein Vehikel für den dahinterstehenden Aussagekern ist. Würde man bei der Beurteilung der Satire allein nur auf die äußere Form abstellen, wäre sie in den allermeisten Fällen gerichtlich angreifbar und damit nicht möglich. Auch „Gangster-" und/oder „Battle-Rap" arbeitet mit für Szenekenner offensichtlich nicht ernst gemeinten Übertreibungen und Verzerrungen, diese sind ein typisches Stilmittel. Eine Betrachtung von „Gangster-" und/oder „Battle-Rap" allein anhand der äußeren Form würde dementsprechend vergleichbar mit der Satire regelmäßig den Schluss einer Rechtsverletzung bedeuten, was wiederum der Zensur einer gesamten Kunstform gleichkäme, da man ihr die typischen Stilmittel nähme.[139]

Ebenfalls für eine Anwendung der Satire-Grundsätze sprechen die Kriterien welche aufgestellt wurden für die Beurteilung, ob denn überhaupt eine auslegungsbedürftige Satire vorliegt. So soll es für das Vorliegen von Satire sprechen, wenn etwas beschrieben werde, was es im

134 *Erhardt*, S. 147.
135 *Busche* in JA 2022, 925, 928.
136 *Clemens/Zöbeley* in Umbach/Clemens, Art. 5 Rn. 265; *Delp*, S. 139 Rn. 53.
137 *Fischer*, S. 63.
138 *Oglakcioglu/Rückert*, ZUM 2015, 876, 880.
139 *Oglakcioglu/Rückert*, ZUM 2015, 876, 881.

wirklichen Leben nicht gebe oder nicht geben könne, die Satire also eine andere als die wirkliche Wirklichkeit beschreibe.[140]

Im „Gangster-" und/oder „Battle-Rap" wird zumeist, vergleichbar mit einem „Gangsterfilm", eine vermeintliche Realität beschrieben, welche geprägt ist von dem Bekämpfen bis hin zur Ermordung von angeblichen Feinden, dem Anhäufen von Reichtum und Statussymbolen und der Selbstinszenierung als über allen Dingen stehend. Auch im Lied „Medusablick" beschreibt Jigzaw wie er Feinde tötet[141], was für ein „Übermensch" er selbst ist[142] und bringt außerdem Referenzen auf die islamische Mythologie[143] und den Roman „Harry Potter".[144] Dies alles sind Kriterien, welche nach der zweistufigen Prüfungsmethodik für das Vorliegen von Satire sprechen würden.

Der Unterschied zur Satire kann freilich darin gesehen werden, dass „Gangster-" und/oder „Battle-Rap" zumeist nicht die Kundgabe einer politischen Meinung bezweckt, sondern künstlerisch ein bestimmtes Milieu nachgezeichnet wird, in welcher dann die womöglich auch ernst gemeinte Schmähkritik ein Teil der Kulisse wird.[145] Es kann dem „Gangster-" und/oder „Battle-Rap" also regelmäßig an dem Satire-eigenen Normbezug fehlen. Die Besonderheiten der Würdigung von Satire bestehen allerdings nicht aufgrund ihrer Nähe zur kritischen Meinungsäußerung, welche große Bedeutung für die Demokratie hat, sondern aufgrund des Auseinanderfallens von Inhalt und Form. Die Satire wird nicht besonders behandelt weil sie „wertvoll" wäre, sondern da sie als Kunstform mit Übertreibungen, Verfremdungen und Zuspitzungen arbeitet.[146] Und so besteht die Satire auch als „kleine Münze"

---

140 *Rittig* in Dankert/Lothar, 203, 224.

141 *„Motherfucker, wir ballern auf alle diese Hurensöhne*
Jede Kugel ballerte dich straight durch dein Camp".

142 *„Übermenschlich, was im Blutgefäß ist*
Boss-Genetik in der Doppelhelix".

143 *„Iblis hat meine Seele geleitet*
Und Azrael mich auf meinem Wege begleitet".

144 *„Wir sind Todesser, Askaban-Member*
Expecto Patronum, Sectumsempra".

145 *Oglakcioglu/Rückert*, ZUM 2015, 876, 880.

146 KG, 07.05.1992 – (3) 1 Ss 215/91 (52/91), NStZ 1992, 385, 386.

in Form des Witzes, Cartoons oder Glosse.[147] Diese Sonderbehandlung dem Gangster-“ und/oder „Battle-Rap“ zu versagen, weil hier zumeist keine politische Meinung geäußert wird, erscheint nicht sachgerecht, denn kritisch engagierte Kunst ist gegenüber unkritischer oder nicht engagierter Kunst nicht privilegiert.[148]

Dementsprechend stellt auch das Bundesverfassungsgericht in den Satire-Fällen vor allem auf das Darstellungsmittel der Verfremdung und Übertreibung ab, weniger auf den Normbezug.[149]

Dieser Normbezug kann zudem auch erst in der Überprüfung des Aussagekerns konkret in Erscheinung treten. So erscheint auch die (auf „Comedy-Formate“ bezogene) Argumentation, diese hätten keinen Aussagekern und dürften deshalb nicht behandelt werden wie Satire, nicht zielführend.[150] Ob ein Aussagekern vorliegt, kann erst herausgefunden werden, wenn nach diesem gesucht wird. Liegt dieser vor, ist eine Aufteilung von Form und Inhalt geboten, liegt er nicht vor sind Form und Inhalt identisch und eine Bewertung des Aussagekerns ist mindestens unschädlich.

Zudem tritt hier auch die Frage einer qualitativen Bewertung von Kunst auf. Sowohl Satire als auch „Gangster-“ und/oder „Battle-Rap“ arbeiten mit den Mitteln der Übertreibung und Verzerrung, sie meinen nicht zwingend, was sie sagen, und der Aussagekern kann für den flüchtigen Betrachter verdeckt bleiben. Der Satire nun aber eine Sonderbehandlung zuzugestehen, welche man dem „Gangster-“ und/oder „Battle-Rap“ versagt, weil dieser vordergründig keinen Normbezug aufweist und keinen Beitrag zur (politischen) Debatte aufweist, kommt einem Kunstrichtertum gleich, welches gerade verhindert werden soll. Hier tritt auch der Grundgedanke zu Tage, dass eben nicht die wertvolle Kunst geschützt wird, sondern der Lebensbereich Kunst.

Zuletzt könnte argumentiert werden, durch die Anwendung der Satire-Grundsätze könnte es dem Rapper ermöglicht werden, die Kunst

---

147 *Hilgendorf* in Hilgendorf/Hörnle/Nestler, § 185 Rn. 25.
148 *Hufen* in Merten/Papier, § 101 Rn. 53.
149 *Gärtner*, S. 32.
150 *von Becker*, GRUR 2004, 908, 912.

nur als Vorwand oder Deckmantel für sein beleidigendes Gedankengut zu missbrauchen. Diesem Einwand aber kann entgegengehalten werden, dass diese Fälle in der anschließend immer noch stattzufindenden Abwägung sachgerechter gelöst werden können, denn dort kann auch die Intention des Künstlers als Kriterium miteinbezogen werden.[151] Hier findet sich eine Wertungsparallele zur Frage der Schutzbereichsbegrenzung durch Rechte Dritter.

Auch ein möglicherweise fehlender Normbezug erscheint als Kriterium in der Abwägung besser aufgehoben. Alledem folgend kann festgehalten werden, dass eine Trennung zwischen Aussagekern und äußerer Form nicht lediglich auf Satire-Fälle beschränkt sein sollte, sondern der Versuch der Ermittlung eines Aussagekerns in Kunst-Fragen grundsätzlich stattfinden sollte.[152]

Auf „Gangster-" und/oder „Battle-Rap", und somit auch auf den hier vorliegenden Text, sind demnach die Grundsätze der Satire anwendbar. Zunächst muss der Aussagekern von seinen genretypischen Einkleidungen befreit und auf eine Persönlichkeitsrechtsverletzung der betroffenen Person hin untersucht werden. Erst im Anschluss kann untersucht werden, ob die Einkleidung selbst das allgemeine Persönlichkeitsrecht des Betroffenen verletzt.

(3) Aussagekern

Zunächst ist der Aussagekern der Zeilen in dem Lied „Medusablick" herauszuarbeiten. Hierbei ist sich nicht nur auf den Wortlaut zu beschränken, sondern der Gesamtkontext ist zu beachten.[153] Anknüpfungspunkt sind hierbei folgende, direkt auf die „Tochter der Geissens" gemünzte, Zeilen:

> *„Am achtzehnten Geburtstag der Tochter der Geissens*
> *Steh' ich vor der Tür und hol' mir die Kleine*
> *und hinterlasse Creampie in ihrer Scheide"*

151 *Oglakcioglu/Rückert*, ZUM 2015, 876, 881.
152 *von Becker*, AfP 2001, 466, 468.
153 Generalstaatsanwaltschaft Koblenz, 13.10.2016 – 4 ZS 831/16, AfP 2016, 556, 558.

Zur Interpretation ist, wie festgestellt, der Standpunkt eines mit der jeweiligen Kunstform vertrauten Empfängers anzulegen. Ein solcher wird die innerhalb der Deutschrapszene vor Veröffentlichung des Liedes entstandene Diskussion über die Äußerungen der Geiss-Eltern mitbekommen haben. Generell ist zur Herausarbeitung des Aussagekerns der zeitgeschichtliche Bezug entscheidend.[154]

Die Mutter der Geiss-Töchter, Carmen Geiss, hatte vor Erscheinen von „Medusablick" öffentlich gegenüber dem Rapper „Farid Bang", welcher einen Migrationshintergrund hat, geschrieben:

> *„[...]Wenn ich Dich sehe frage ich mich einfach nur, wo sind meine Wurzeln?? Ist das Deutschland??".*[155]

Der Vater der Geiss-Töchter, Robert Geiss, hatte wenig später, nicht mehr nur auf Farid Bang bezogen, geschrieben:

> *„Seid ihr vielleicht schon 1.60 Meter???Die ganzen Ausländer die uns so beschimpfen in Deutschland alle ihre Gelder beziehen,warum seid ihr denn noch dort??Dort scheint die Sonne nicht! Ihr könnt alle in Euren Ländern f...... die ihr wollt,denn das hat einen Vorteil!!!!!! Ihr sprecht die selbe Sprache!! Das müsst ihr nicht mit unseren Frauen tun.Macht das mit Euren eigenen Frauen dann wäre es Geil,und alles bleibt im eigenen Land!!!"*[156]

Bereits die Aussage von Carmen Geiss, und erst recht jene von Robert Geiss, wurde aufgrund ihrer rassistischen Konnotation kritisiert. Vor allem Robert Geiss spricht von den *„ganzen Ausländern"*, welche *„in Deutschland alle ihre Gelder beziehen"* und bedient hiermit klassische rassistische Klischees. Ebenfalls kann die Aussage *„Ihr könnt alle in Euren Ländern f...... die ihr wollt,denn das hat einen Vorteil!!!!!! Ihr sprecht die selbe Sprache!! Das müsst ihr nicht mit unseren Frauen tun.Macht das mit Euren eigenen Frauen dann wäre es Geil,und alles bleibt im eigenen Land!!!"* in dem Sinne verstanden werden, dass Robert Geiss etwas dagegen hat, wenn ein „Ausländer" ein intimes

154 BVerfG, 3. 11. 2000 – 1 BvR 581/00, NJW 2001, 596, 597; *Simon*, S. 41.

155 Carmen Geiss Facebook-Beitrag vom 13.4.2018 https://www.facebook.com/TheRealCarmenGeiss/posts/2055477867814234, zuletzt abgerufen: 30.05.2024.

156 Stern, „Auch Robert Geiss schießt gegen Farid Bang", https://www.stern.de/lifestyle/leute/neuer-shitstorm-auch-robert-geiss-schiesst-gegen-farid-bang-7942478.html, zuletzt abgerufen: 31.07.2024.

Verhältnis mit einer „deutschen“ Frau hat. Hiermit wird wieder ein typisches rassistisches Klischee, „die Ausländer nehmen deutschen Männern die Frauen weg“, ausgesprochen. Der Rapper Jigzaw reagierte nun in dem Lied „Medusablick“ hierauf, indem er ankündigte „*Am achtzehnten Geburtstag der Tochter der Geissens*“ vor deren Tür zu stehen und sich „*die Kleine*“ zu „*holen*“. Hierbei werde er „*Creampie in ihrer Scheide*“ hinterlassen, also ungeschützten Geschlechtsverkehr mit ihr haben. Jigzaw benennt hierbei nicht eine der beiden Töchter konkret, sondern nimmt als Bezugspunkt vielmehr die Geiss-Eltern.

Er spielt hier also genau mit dem von Robert Geiss aufgeworfenen Bild des „Ausländers“ welcher Sex mit „deutschen“ Frauen habe, indem er sich selbst als Rapper mit Migrationshintergrund in die Rolle des Ausländers stellt, welcher dann Sex mit „der Tochter“ von Robert Geiss haben wird.

Trennt man also diese Passage aus „Medusablick“ von der genrebedingten Übertreibung wird die Kernaussage deutlich. Es geht Jigzaw darum, die rassistischen Äußerungen von Robert Geiss zu kritisieren und zu kontern. Ohne die vorherigen Äußerungen der Geissens wäre die Zeile von Jigzaw nicht denkbar. Er bringt diese hier als eine Art lyrischen Gegenschlag um herauszustellen, dass die Geissens etwas dagegen hätten, wenn er mit einer ihrer Töchter eine intime Beziehung haben würde, und zwar weil sie rassistisches Gedankengut in sich trügen und er selbst einen Migrationshintergrund besitzt. Die Kernaussage liegt also in der Herausarbeitung und Kritisierung des (so empfundenen) rassistischen Gedankengutes der Geiss-Eltern.

(4) Einkleidung

Auch die Einkleidung muss unter Zugrundelegung der Besonderheiten der gewählten Werkgattung ausgelegt und gedeutet werden.[157]

157 *von Becker*, GRUR 2004, 908, 911.

Das Landgericht Mannheim[158] war auf den Kern der Aussage nicht eingegangen und hatte lediglich die äußere Form interpretiert. Auch hier war der hauptsächliche Anknüpfungspunkt folgende Zeile:

> *„Am achtzehnten Geburtstag der Tochter der Geissens*
> *Steh' ich vor der Tür und hol' mir die Kleine*
> *und hinterlasse Creampie in ihrer Scheide"*

Das Landgericht Mannheim beschrieb, im Kontext der zuvor besungenen Gewaltorgien könne die Passage nur im Sinne einer Vergewaltigungsfantasie verstanden werden.[159] Dass in Aneinanderreihung Gangster-Rap-typischer Punchlines die Beschreibung einvernehmlichen Geschlechtsverkehrs eingeflochten sein könne, würde der durchschnittliche Rezipient nicht in Betracht ziehen.[160] Außerdem würden die Klägerinnen mit weiteren Zeilen wie *„diese Nixgönner"* und *„diese kleinen Nutten machen Welle nur von Weitem"* herabgewürdigt werden.[161] Für eine Vergewaltigungsfantasie spreche außerdem, dass nachfolgend ein Geschlechtsakt besungen werde, welcher mit dem Tod des Opfers ende.[162]

Auch diese Passage werde ein hinreichender Teil des Adressatenkreises auf die Klägerinnen beziehen, denn diese seien die einzigen, die im Kontext als Bezugspunkt sexueller Vorstellungen namentlich genannt seien.[163] Auch die dazwischen eingeschobene Strophe unterbreche den gedanklichen Kontext nicht, denn hier fänden sich mit Erwähnung von „Iblis" und „Azrael" weitere Bezugspunkte für die von

---

158 LG Mannheim, 9.10.2019 – 14 O 60/19 (nicht öffentlich auffindbar, Entscheidungsgründe aber auch in: LG Mannheim, 13.11.2019 – 14 O 173/19, https://openjur.de/u/2341317.html).

159 LG Mannheim, 13.11.2019 – 14 O 173/19, https://openjur.de/u/2341317.html, Rn. 35.

160 LG Mannheim, 13.11.2019 – 14 O 173/19, https://openjur.de/u/2341317.html, Rn. 35.

161 LG Mannheim, 13.11.2019 – 14 O 173/19, https://openjur.de/u/2341317.html, Rn. 35.

162 LG Mannheim, 13.11.2019 – 14 O 173/19, https://openjur.de/u/2341317.html, Rn. 35.

163 LG Mannheim, 13.11.2019 – 14 O 173/19, https://openjur.de/u/2341317.html, Rn. 36.

Gewalt, Bedrohung und Tod geprägte Vorstellungswelt des Textes, welche sogar als Ankündigung und Begründung dafür verstanden werden könnten, dass der Erzähler von der Vergewaltigung zur Ermordung seines Opfers übergehe.[164] Von einer inhaltlich gedanklichen „Zäsur“ zwischen den beiden Textteilen könne daher keine Rede sein.[165] Das Landgericht Mannheim sieht hier somit eine beschriebene Vergewaltigungsfantasie mit anschließender Ermordung.

Diese Interpretation des Landgerichts Mannheim ist zu hinterfragen.

Dem Landgericht Mannheim ist zunächst zuzusprechen, dass bei der Interpretation das gesamte Werk und nicht nur einzelne Zeilen untersucht werden. Doch gerade im Genre des „Gangster“- oder „Battle-Raps“ ist es üblich, dass einzelne Zeilen zueinander in keinem Zusammenhang stehen. Weshalb sich deshalb die Zeilen *„Diese Nixgönner wollen Signings vergleichen“* und *„diese kleinen Nutten machen Welle nur vom Weitem“* ebenfalls auf die Geiss-Töchter beziehen sollten ist fraglich. Weder haben die Geiss-Töchter zuvor *„Signings verglichen“*, also die in dem Label von Jigzaw unter Vertrag genommenen Künstler (Signings) zueinander in Relation gestellt, noch sich in irgendeiner Art und Weise zu Jigzaw öffentlich geäußert, was als *„Welle machen von Weitem“* verstanden werden könnte. Außerdem spricht Jigzaw hier mit *„diese Nixgönner“* und *„diese kleinen Nutten“* im Plural, bezüglich der *„Tochter der Geissens“* allerdings im Singular.

Und auch andere Zeilen von Jigzaw wie beispielsweise *„Ich fick' deine Frau – Fuß-Schuhen-Fetisch“* beziehen sich eindeutig nicht auf die Geiss-Töchter, so das nicht davon ausgegangen werden kann, der gesamte Text würde diese ansprechen.

Die eindeutig auf die Geiss-Töchter bezogene Zeile *„Am achtzehnten Geburtstag der Tochter der Geissens/Steh' ich vor der Tür und hol' mir die Kleine/und hinterlasse Creampie in ihrer Scheide“* erscheint wie-

164 LG Mannheim, 13.11.2019 – 14 O 173/19, https://openjur.de/u/2341317.html, Rn. 36.

165 LG Mannheim, 13.11.2019 – 14 O 173/19, https://openjur.de/u/2341317.html, Rn. 36.

derum auch nicht zwingend als Vergewaltigungsfantasie interpretierbar. Wenn das Landgericht Mannheim hier begründet, für eine solche Vergewaltigungsfantasie spreche, dass anschließend ein Geschlechtsakt besungen werde, welcher mit dem Tod des Opfers ende, kann es sich nur auf folgende Zeilen beziehen:

> *„Darum heg ich Empathie auch für meine Feinde/Wenn ich dich ficke, dein Körper am Boden verteilt ist/zieht die Spurensicherung Linien aus Kreide“*

Zwar kann *„wenn ich dich ficke“* im gängigen Sprachgebrauch als Geschlechtsakt verstanden werden, allerdings ist dies nicht zwingend. Vielmehr wird „ficken“ umgangssprachlich, gerade auch in der Subkultur Deutschrap, vielseitig verwendet und kann Bedeutungen haben wie „bestrafen“, „besiegen“, „hintergehen“ und vieles mehr. Auf dem Album „Post Mortem“, auf welchem sich auch das Lied „Medusablick“ befindet, und auch in „Medusablick“ selbst, wird das Wort „Ficken“ in vielseitiger, nicht nur Geschlechtsverkehr meinender, Bedeutung verwendet.[166] Gerade im Bereich der Subkulturen aber müssen Informationen über abweichende Kommunikationsgebräuche in die Beurteilung miteinfließen.[167] So beschrieb das Landgericht Berlin, bezogen auf das Lied „Stress ohne Grund“ von den Rappern „Bushido“ und „Shindy“, es dürfe nicht verkannt werden, dass das Lied sich vornehmlich an Jugendliche und junge Erwachsene richte und sich hierbei einer Sprache bediene, welche die entsprechenden Sprachcodes verwende und vom Empfängerhorizont verstanden werde.[168] Dass Jigzaw also auch mit dieser Zeile den Geschlechtsakt mit einer der Geiss-Töchter besingt erscheint fernliegend, vielmehr beschreibt er seinen Umgang mit seinen erwähnten „Feinden“. Weshalb die Geiss-Töchter zu den „Feinden“ von Jigzaw zählen sollten, wird durch das Landgericht Mannheim nicht ausgeführt.

---

166 So heißt es bspw. auf dem Lied „Post Mortem“, aus dem Album auf welchem auch „Medusablick“ enthalten war: *„Fick mal jeden Knast, weil mich gar nix verändern kann“* oder auch *„Ich ficke eure Salafisten-Clique“*.
Auf „Medusablick“ selbst heißt es: *„Ich ficke die Szene mit Kolle, Seyed und Gent“* Hiermit ist eindeutig kein Geschlechtsverkehr gemeint.

167 *Seibert* in Grewendorf, 339.

168 LG Berlin, 04.03.2014 – 512 Qs 69/13, ZUM 2015, 903, 904.

Auch die Behauptung des Landgericht Mannheims, dass in Aneinanderreihung Gangster-Rap-typischer Punchlines die Beschreibung einvernehmlichen Geschlechtsverkehrs eingeflochten sein könne, würde der durchschnittliche Rezipient nicht in Betracht ziehen, wird weder begründet noch belegt und erscheint nicht schlüssig. Hier spielt auch wieder die Vorgeschichte mit den Geiss-Eltern eine Rolle, denn es erscheint durchaus schlüssig, dass Jigzaw das Bild von sich selbst zeichnet, wie er einvernehmlichen Geschlechtsverkehr mit einer der Töchter der Geiss-Eltern hat, um diesen „eins auszuwischen".

Auch wird nicht darauf eingegangen, weshalb für die interpretierte Vergewaltigung mit anschließender Ermordung bis zum achtzehnten Geburtstag des Opfers gewartet werden sollte, wie es in der Liedzeile beschrieben wird. Es wird jedenfalls gerade kein Geschlechtsakt mit einer Minderjährigen besungen.

Die eigene Interpretation durch den Künstler selbst kann zwar nicht als alleiniger Maßstab gelten, wird aber zumindest Indizwirkung haben und ist bei der Interpretation zu berücksichtigen. Jigzaw selbst widersprach der Darstellung seiner Zeilen als Vergewaltigungs- und Mordfantasie und beschrieb, er habe mit der Zeile lediglich aussagen wollen, sich die „Tochter der Geissens" „klären" zu wollen, sie also zu verführen.[169]

Mit dem Hintergrundwissen darüber, dass gerade im „Gangster-" und/oder „Battle-Rap" einzelne Zeilen keinen Bezug zueinander haben müssen, „ficken" vielseitig verwendet wird und über die Vorgeschichte mit den Geissens, erscheint die Interpretation des Landgericht Mannheim somit abwegig.

Hier zeigt sich die Tragweite der Frage, anhand welches Interpretationsmaßstabs das Werk zu beurteilen ist. Wie dargelegt, kann es nur um die Interpretation am Maßstab eines der jeweiligen Kunstform verständigen Empfängers gehen. Demnach ist die äußere Form so zu verstehen, dass Jigzaw hier seinen Plan beschreibt *„die Tochter der*

---

169 Hiphop.de, „Die Geissens gehen juristisch gegen Kollegah-Signing Jigzaw vor", 13.12.2018, https://hiphop.de/magazin/news/geissens-juristisch-mord-kollegah-signing-jigzaw-medusablick317202, zuletzt abgerufen: 31.07.2024.

Geissens“ am achtzehnten Geburtstag verführen zu wollen um mit ihr ungeschützten Geschlechtsverkehr zu haben. Für die Annahme dieser Interpretation spricht zudem das Gebot der wohlwollenden Interpretation.[170] Hiernach sind Mehrdeutigkeiten zugunsten des Künstlers zu berücksichtigen, insoweit es sich um plausible Deutungen handelt.[171] Denn künstlerische Ausdrucksformen leben von Verkürzung und Vereinfachung, die Gefahr eines Missverständnisses ist daher um der Kunstfreiheit Willen hinzunehmen.[172]

Mindestens müsste bei Mehrdeutigkeit eine alternative, weniger schwerwiegende Deutungsalternative nachvollziehbar ausgeschlossen werden.[173] Eine solche wurde vorliegend durch das Landgericht Mannheim nicht in die Abwägung einbezogen. Auch darf nicht die für die Grundrechtsgeltung negativste Interpretationsmöglichkeit die Urteilsgrundlage bilden.[174] Genau dies ist allerdings durch das Landgericht Mannheim geschehen. Grundlage des Urteils ist gerade die Interpretation geworden, die im Vergleich zu der hier aufgezeigten plausiblen, alternativen Deutung der Textzeilen die Grundrechte der Geiss-Töchter am meisten tangiert. Die weit mehr überzeugende Interpretation der Einkleidung ergibt die weniger grundrechtstangierende Aussage, Jigzaw wolle am 18. Geburtstag *„der Tochter der Geissens*“ mit dieser einvernehmlichen, ungeschützten Geschlechtsverkehr haben.

Da bereits bei einer fehlerhaften Interpretation des Werkes von einer Verletzung der Kunstfreiheit auszugehen ist,[175] ist bereits an dieser Stelle demnach die Kunstfreiheit von Jigzaw verletzt.

---

170 *von Münch/Mager* Art. 5 Abs. 3 GG: Kunstfreiheit Rn. 503.
171 *v. Arnauld* in Kahl/Waldhoff/Walter, Art. 5 Abs. 3 (Kunstfreiheit) Rn. 148.
172 BGH, 08.06.1982 – VI ZR 139/80 (Hamburg), NJW 1983, 1194, 1195.
173 BVerfG, 10.07.2002 – 1 BvR 354/98, NJW 2002, 3767, 3767.
174 *Dierksmeier* in JZ 2000, 883, 886.
175 BVerfG, 07.03.1990 – 1 BvR 1215/87, NJW 1990, 1985, 1986.

bb) Betroffenheit des allgemeinen Persönlichkeitsrechts

Nun stellt sich die Frage, ob durch den Aussagekern und/oder die Einkleidung das allgemeine Persönlichkeitsrecht der Geiss-Töchter betroffen ist.

Das allgemeine Persönlichkeitsrecht wird als eigenständiges Grundrecht aus Art. 2 I GG iVm Art. 1 I GG abgeleitet.[176] Die subjektive Gewährleistung erfolgt hierbei primär aus Art. 2 I GG, Art. 1 I GG fungiert hierbei als Auslegungsrichtlinie zur Ermittlung von Schutzumfang und Inhalt.[177]

Einfachgesetzlich ist es zivilrechtlich über § 823 I BGB als „sonstiges Recht" geschützt[178] so wie, unter anderem, als Ehrschutz durch § 823 II BGB i.V.m. §§ 185 ff. StGB.[179] In seinen vielen Facetten beschreibt es unter anderem das Recht der Selbstdarstellung in der Öffentlichkeit,[180] das Recht am eigenen Lebens- und Charakterbild sowie den Schutz des Einzelnen vor unbefugter Preisgabe der dem Schutzbereich unterfallenden Informationen an die Öffentlichkeit.[181]

Das Recht der Selbstdarstellung umfasst sodann auch den Schutz vor verfälschenden, herabsetzenden oder entstellenden Darstellungen der eigenen Person in der Öffentlichkeit.[182] Betroffen sein kann das Recht der Selbstdarstellung durch Äußerungen, welche sich negativ auf das Ansehen, insbesondere das Bild in der Öffentlichkeit, auswirken könnten.[183] Geschütztes Rechtsgut ist also der innerhalb des sozialen Umfelds bestehende Geltungsanspruch des Menschen.[184] Konkret in diesem Fall das grundsätzliche Recht, selbst darüber zu entscheiden,

176 *Hofmann* in Schmidt-Bleibtreu/Hofmann/Henneke Art. 2 Rn. 14; *Siegle,* S. 35.
177 *Gosche,* S. 44.
178 *Bülow,* S. 68.
179 *Siegle,* S. 36 f.
180 *Borutta,* S. 102.
181 *Siegle,* S. 48.
182 *Bülow,* S. 71.
183 BVerfG, 13.06.2007 – 1 BvR 1783/05, NJW 2008, 39, 41.
184 *Di Fabio* in Dürig/Herzog/Scholz, Art. 2 Abs. 1 Rn. 127.

welches Persönlichkeitsbild man von sich selbst in der Öffentlichkeit vermitteln möchte.[185]

Die Herausarbeitung des Aussagekerns der zitierten Textpassage hat ergeben, dass sich die eigentliche Aussage des Rappers Jigzaw nicht auf die Geiss-Töchter, sondern vielmehr auf die Geiss-Eltern bezieht. Durch den Aussagekern ist das allgemeine Persönlichkeitsrecht der Geiss-Töchter demnach nicht betroffen. Bezüglich der Einkleidung ist dies anders.

Die Interpretation hat ergeben, dass, anders als es das Landgericht Mannheim annimmt, hier zwar keine Vergewaltigung mit anschließender Tötung einer der Töchter der Geissens beschrieben wird, allerdings bleibt das öffentlich geäußerte Vorhaben, „*die Tochter der Geissens*“ an ihrem achtzehnten Geburtstag verführen zu wollen. Zwar wird nicht klar, welche der beiden Töchter hier konkret gemeint ist, doch wird in der Gedankenwelt des Rezipienten diese Aussage gerade durch die Unbestimmtheit auf beide Töchter bezogen werden. Auch wenn im Singular von „*die Tochter der Geissens*“ gesprochen wird und sie deshalb nicht kumulativ beide gemeint sein können, so werden sie doch zumindest alternativ gemeint sein und somit sind hier auch beide Geiss-Töchter angesprochen. Die Äußerungen von Jigzaw müssten hierbei zumindest generell geeignet sein, die Ehre der Geiss-Töchter zu beeinflussen. Hier kommt die äußere Ehre, der soziale Achtungsanspruch, in Betracht, welche sich auf den sozialen Geltungswert und auf den Ruf einer Person in der Öffentlichkeit bezieht.[186] Jigzaw spricht in seiner Zeile zwar nur von einem eigenen Vorhaben, welches noch in der Zukunft liegt, allerdings wird mindestens ein bestimmtes Bild in der Gedankenwelt der Zuhörer erschaffen, welches sich negativ auf den Ruf der Geiss-Töchter auswirken könnte. Das allgemeine Persönlichkeitsrecht ist hiermit in seinem sachlichen Schutzbereich betroffen.

Der persönliche Schutzbereich des allgemeinen Persönlichkeitsrechts schützt jede natürliche Person[187], ist hier also auch eröffnet.

---

185 *Gosche,* S. 47.
186 *Gosche,* S. 53.
187 *Gosche,* S. 49.

Eine Betroffenheit des allgemeinen Persönlichkeitsrechts der Geiss-Töchter liegt somit in der Einkleidung vor.

cc) Zwischenergebnis

Die gebotene Übertragung der Satire-Prüfungsmethodik hat, unter Zugrundelegung des Maßstabes eines mit der jeweiligen Kunstform verständigen Empfängers, ergeben, dass der Aussagekern des Liedes „Medusablick“ das allgemeine Persönlichkeitsrecht der Geiss-Töchter nicht berührt. Die Einkleidung wiederum, wenn auch die Interpretation durch das Landgericht Mannheim fernliegend erscheint, berührt das allgemeine Persönlichkeitsrecht der Geiss-Töchter. Ein mit der Kunstfreiheit kollidierendes Verfassungsrecht liegt in Form des allgemeinen Persönlichkeitsrechts der Geiss-Töchter somit vor.

b) Vorbehalt des Gesetzes

Der allgemeine Gesetzesvorbehalt verlangt für Eingriffe in die Kunstfreiheit eine gesetzliche Grundlage. Das vorliegende Urteil zieht als Anspruchsgrundlage für den Unterlassungs- und Schadensersatzanspruch § 823 BGB (i.V.m. § 1004 BGB) heran, welches als „sonstiges Recht“ auch das allgemeine Persönlichkeitsrecht aus Art. 2 I GG i.V.m. Art. 1 I GG schützt.[188] Eine gesetzliche Grundlage liegt somit vor.

c) Verhältnismäßigkeit

Der Eingriff müsste den Grundsatz der Verhältnismäßigkeit wahren, also im Hinblick auf den verfolgten Zweck geeignet, erforderlich und angemessen sein.[189]

---

188 *Gosche,* S. 48.
189 *Jarass* in Jarass/Pieroth, Art. 20 Rn. 116.

aa) Legitimer Zweck

Der legitime Zweck liegt hier in dem Schutz des allgemeinen Persönlichkeitsrechts der Geiss-Töchter.

bb) Geeignetheit

Zum Schutz des allgemeinen Persönlichkeitsrechts der Geiss-Töchter ist die Verpflichtung zur Unterlassung der Zeilen und die Verpflichtung zur Zahlung von Schmerzensgeld geeignet.

cc) Erforderlichkeit

Ob die Verpflichtung zur Unterlassung der Zeilen und die Verpflichtung zur Zahlung von Schmerzensgeld auch das mildeste zur Verfügung stehende Mittel zum Schutz des allgemeinen Persönlichkeitsrechts ist, ist fraglich, kann allerdings erst im Rahmen der Angemessenheit beantwortet werden. Immerhin hat das entscheidende Gericht hier einen Ermessensspielraum.

dd) Angemessenheit

Zuletzt stellt sich die Frage, ob der Eingriff auch angemessen ist. Hierfür müsste das Urteil unter Abwägung der gegenüberstehenden Grundrechte, der Kunstfreiheit aus Art. 5 III GG und dem allgemeinen Persönlichkeitsrecht aus Art. 2 I GG i.V.m. Art. 1 I GG, zu einer bestmöglichen Optimierung beider Rechtspositionen geführt haben.[190]

(1) Grundgesetzliche Wertungsvorgabe

Zur Durchführung einer solchen Abwägung ist zunächst zu untersuchen, ob das Grundgesetz bezüglich des Aufeinandertreffens von

---

190 *Klass* in ZUM 2023 428, 433.

Kunstfreiheit und allgemeinem Persönlichkeitsrecht eine generelle Wertungsvorgabe enthält.

Grundsätzlich ist dem nicht so, denn der soziale Wert- und Achtungsanspruch des Einzelnen ist nicht prinzipiell der Kunstfreiheit übergeordnet, andersherum ist es aber auch der Kunst nicht generell erlaubt, sich über den allgemeinen Achtungsanspruch des Menschen hinwegzusetzen.[191] Kunstfreiheit hat also keinen absoluten Vorrang, eine Rechtsvermutung im Sinne eines „in dubio pro arte" gibt es nicht.[192] Etwas anderes ergibt sich auch aus der systematischen Stellung der Kunstfreiheit nicht. Zwar wird das „Recht der persönlichen Ehre" in Art. 5 II GG ausdrücklich als Schranke erwähnt, welche für die Kunstfreiheit aus Abs. 3 der Norm gerade nicht gilt, dies bedeutet aber nicht, dass das Grundgesetz das Recht der persönlichen Ehre, in der Form in welcher es im grundgesetzlichen allgemeinen Persönlichkeitsrecht Ausdruck findet, wertungsmäßig unter die Kunstfreiheit gestellt hat. Auch die Erkenntnis, dass die Kunstfreiheit, anders als das allgemeine Persönlichkeitsrecht, vorbehaltlos gewährt ist, ändert daran nichts, denn auch eine generelle Höherrangigkeit von vorbehaltlosen Grundrechten existiert nicht.[193]

Grundsätzlich hält das Grundgesetz für den Konfliktfall demnach keine Wertungsvorgabe bereit.

Dies gilt allerdings nur, insoweit das allgemeine Persönlichkeitsrecht nicht in seinem Kernbereich betroffen ist, welcher der unantastbaren Menschenwürde aus Art. 1 GG zuzuordnen ist. Denn soweit das allgemeine Persönlichkeitsrecht in seinem unmittelbar aus der Menschenwürde abgeleitetem Bereich betroffen ist, findet keine Abwägung statt.[194] Die Menschenwürde aus Art. 1 I GG ist nicht abwägungsfähig, hier ist die Kunstfreiheit also stets unterlegen.[195] Auch wenn also als

---

191 *Wendt* in von Münch/Kunig, Art. 5 Rn. 149.

192 *Betghe* in Sachs, Art. 5 Rn. 198b.

193 *Borutta,* S. 91.

194 *Betghe* in Sachs, Art. 5 Rn. 198b.

195 *Clemens/Zöbeley* in Umbach/Clemens, Art. 5 Rn. 262; *Hufen* in Merten/Papier, § 101 Rn. 100; *Delp,* S. 139 Rn. 53.

Anknüpfungspunkt nur die Einkleidung herangezogen wird, begründet eine Menschenwürdeverletzung ein Unterliegen der Kunstfreiheit.[196]

Ob die Menschenwürde vorliegend betroffen ist, ist fraglich.

(2) Ist die Menschenwürde hier betroffen?

Der Menschenwürdegehalt des allgemeinen Persönlichkeitsrechts findet, unter Zuhilfenahme der Sphärentheorie, seinen Ausdruck in der Intimsphäre, welche den Kernbereich privater Lebensgestaltung beschreibt.[197]

Anders als die Privatsphäre weist die Intimsphäre keinen Sozialbezug auf und ist anders als die Öffentlichkeitssphäre generell von der Umwelt abgeschirmt.[198]

Zur Intimsphäre gehören unter anderem Fragen der Lebensgestaltung welche mit der Sexualität und dem Sexualleben zusammenhängen, welche der Einzelne regelmäßig vor dem Zugriff Dritter abschirmen möchte.[199] Es geht um Äußerungen von innersten Gefühlen oder Ausdrucksformen der Sexualität.[200]

Vorliegend könnte eine mögliche Menschenwürdeverletzung der Geiss-Töchter in folgender Liedzeile erblickt werden:

> *„Am achtzehnten Geburtstag der Tochter der Geissens*
> *Steh' ich vor der Tür und hol' mir die Kleine*
> *und hinterlasse Creampie in ihrer Scheide"*

Ob diese Textzeilen aufgrund ihres offensichtlichen Sexualitätsbezugs auch den Menschenwürdekern betreffen, ist fraglich.

Für die Beurteilung, ob ein Angriff auf die Menschenwürde vorliegt, ist auf die gesamten Umstände in Form einer Gesamtschau abzustellen.[201] Zur Herleitung eines Maßstabes, anhand welchem bei einem Se-

196 *Starck* in v. Mangoldt/Klein/Starck, Art. 5 Abs. 3 Rn. 337.
197 *Di Fabio* in Dürig/Herzog/Scholz, Art. 2 Abs. 1 Rn. 158.
198 *Di Fabio* in Dürig/Herzog/Scholz, Art. 2 Abs. 1 Rn. 159 f.
199 *Lang* in Epping/Hillgruber, GG Art. 2 Rn. 85.
200 BVerfG, 03.03.2004 – 1 BvR 2378/98 u. 1 BvR 1084/99, NJW 2004, 999, 1002.
201 BGH, 15.03.1994 – 1 StR 179/93, NJW 1994, 1421, 1422.

xualitätsbezug von einer Betroffenheit der Menschenwürde ausgegangen werden kann, lohnt ein Blick in die Rechtsprechung.

Im „Esra"-Urteil bejahte das Bundesverfassungsgericht die Betroffenheit der Intimsphäre aufgrund genauer Schilderung intimster Details einer Frau, welche auch als tatsächliche Intimpartnerin des Autors erkennbar sei.[202] Es geht in diesem Fall allerdings darum, dass der Autor beim Leser mindestens den Eindruck erweckte, er beschreibe tatsächlich in der Vergangenheit stattgefundene Handlungen mit dieser Frau.[203] Die Klägerin müsse es hierbei nicht hinnehmen, dass sich die Leser die Frage stellen, ob die Geschehnisse tatsächlich so stattgefunden haben.[204] Das Bundesverfassungsgericht stellt hierbei also nicht darauf ab, dass überhaupt Schilderungen mit Sexualitätsbezug über eine erkennbare Person stattgefunden haben, sondern ob diese als (vermeintliche) Schilderung der Wahrheit zumindest verstanden werden könnten.[205] Zuvor hatte das Bundesverfassungsgericht bezogen auf die „Strauß-Karikaturen" auch eine generelle Darstellung sexuellen Verhaltens mit einem Schwein, unabhängig von dessen offensichtlich abwegigem Realitätsbezug, zur Menschenwürde gezählt.[206]

Abgelehnt wurde wiederum eine Betroffenheit der Menschenwürde einer Moderatorin durch eine Fotomontage, welche sie unbekleidet, schräg von hinten, mit einem Revolvergurt und Stiefeln darstellte, da das Gericht davon ausging es handele sich um eine Karikatur, eine aus der Phantasie geborene Zeichnung, welche damit schon der Absicht nach nicht der Wirklichkeit entspreche und auch nicht so aufgefasst werde.[207] Bejaht wurde die Betroffenheit der Intimsphäre wiederum vom Landgericht Hamburg im Falle einer Moderatorin, welche in einem satirischen Beitrag bei Dreharbeiten zu einer pornographischen Filmszene gezeigt wird, obwohl dem Zuschauer bewusst sei, dass die zu sehende Frau nicht tatsächlich die Moderatorin sei, mit der Begrün-

202 BVerfG, 13.06.2007 – 1 BvR 1783/05, NJW 2008, 39, 44.

203 BVerfG, 13.06.2007 – 1 BvR 1783/05, NJW 2008, 39, 47 f.; *Bünnigmann*, S. 410.

204 *Klass* in ZUM 2023, 428, 439.

205 *Obergfell*, ZUM 2007, 910, 913.

206 BVerfG, 03.06.1987 – 1 BvR 313/85, NStZ 1988, 21, 22.

207 KG, 13.12.1988 – 9 U 828/88, NJW 1990, 1996, 1996.

dung, dass der Zuschauer sich vorstellen solle es wäre tatsächlich die Moderatorin.[208]

Im Fall Steffi Graf gegen „Die angefahrenen Schulkinder" urteilte das OLG Karlsruhe, bereits die Darstellung von Steffi Graf als Objekt sexueller Begierde setze diese in ihrer Würde als Frau herab.[209]

Verneint wurde die Betroffenheit der Intimsphäre wiederum für einen Fall, in welchem eine Person der Zeitgeschichte auf einem Gemälde nackt dargestellt wurde, da das Bild allein der Fantasie des Künstlers entsprangen sei, einen Beitrag zum geistigen Meinungskampf geleistet und die Person nicht zum bloßen Objekt herabgewürdigt habe.[210]

Das AG Tiergarten stellte fest, die Rapzeile: *„Du wirst in Berlin in den Arsch gefickt wie Wowereit"* des Rappers Bushido aus dem Lied „Stress ohne Grund" bewege sich noch im Rahmen der Kunstfreiheit, greife also nicht in die Menschenwürde von Klaus Wowereit ein.[211]

Der europäische Gerichtshof für Menschenrechte urteilte in einem Fall aus Österreich, in welchem es um eine Bildmontage ging, welche mehrere Politiker identifizierbar, nackt und in sexuelle Handlungen verwickelt zeigte, zu Gunsten des Künstlers und stellte darauf ab, dass die Montage nicht so verstanden werden könne, als würde es die Wirklichkeit abbilden.[212]

Das Landgericht München urteilte in einem Rechtsstreit zwischen dem Rapper Fler und dem Rapper Bushido, mitsamt dessen Familie, Liedzeilen von Fler in welcher dieser über die Frau von Bushido rappte: *„Deine Frau, (...) sie bläst"* und *„Diese Bitch ist nur 'ne Sucker-Hoe, Werder Bremen der ganze Kader, jeder potenzieller Vater"*, sowie Zeilen über ein angeblich existierendes Pornovideo von ihr, würden zwar ihren Intimbereich berühren, seien allerdings in Form eines Ge-

208 LG Hamburg, 13.08.1999 – 324 O 106/99, NJW-RR 2000, 978, 980.
209 OLG Karlsruhe, 27.04.1994 – 7 O 114/93, NJW 1994, 1963, 1964.
210 OLG Dresden, 16.04.2010 – 4 U 127/10, ZUM 2010, 597, 597 ff.
211 AG Tiergarten, 19.11.2013 – (279 Ds) 222 Js 1201/13 (101/13), ZUM 2015, 904, 905.
212 MRK, 25.01.2007 – 683547/01, ÖJZ 2007, 618, 619.

genschlags aufgrund vorheriger Angriffe seitens der Frau von Bushido gegen Fler gerechtfertigt.[213]

Grundsätzlich kann also nicht der Bereich der Sexualität zwangsläufig und in jedem Fall zum Kernbereich des allgemeinen Persönlichkeitsrechts, der Menschenwürde, gezählt werden.[214] Denn Darstellungen sexuellen Verhaltens sind nicht grundsätzlich verwerflich.[215]

Es muss zusätzlich ein realer Bezug zu einer Person hergestellt werden in dem Sinne, dass die Darstellung nicht nur eine offensichtliche Fiktion bleibt sondern dem Angesprochenen unmittelbar zuzuordnen ist, beispielsweise weil sich der Künstler Insiderwissen zuschreibt und hiermit die Ebene der Fiktion zumindest im Kopf des Empfängers verlässt.[216] Und auch wenn es nicht um offensichtliche Fiktion geht, kann der Bereich der Sexualität ohne Menschenwürdebezug bleiben, denkt man beispielsweise an Berichterstattungen über „Affären" von Politikern. Wäre hier stets die Menschenwürde betroffen, könnte eine Abwägung mit dem Informationsinteresse der Allgemeinheit nicht stattfinden.

Die betreffende Textzeile betrifft zwar mit der „*Tochter der Geissens*" eine tatsächlich erkennbare Person, ebenfalls geht es um Sexualität, allerdings nicht in der Form, dass in der Zeile eine tatsächliche Ausdrucksform der Sexualität der „*Tochter der Geissens*" beschrieben würde. Vielmehr stellt der Rapper Jigzaw eine solche konkrete Ausdrucksform in der Zukunft in Aussicht und beschreibt hierbei auch ausschließlich sein eigenes Handeln.

Hierfür spricht ebenfalls, dass die Textzeile als Objekt der sexuellen Handlung „*die Tochter der Geissens*" bestimmt und nicht eine der beiden Töchter konkret anspricht. Für eine Erkennbarkeit beider Töchter mag dies ausreichen, doch für eine Betroffenheit der Menschenwürde bleibt diese Textzeile zu vage.

---

213 LG München, 11.12.2019 – 25 O 16530/19, S. 16.
214 LG Köln, 14.07.2010 – 28 O 403/10, BeckRS 2010, 19008.
215 *Beisel*, S. 153.
216 *Brauneck*, ZUM 2016, 710, 715.; *Bünnigmann*, S. 411.

Hierzu ist auch anzuführen, dass die Kunstfreiheitsgarantie verlangt, dem Rezipienten grundsätzliche Mündigkeit zu unterstellen, er also in der Lage ist zwischen Fiktion und Realität zu unterscheiden und ein Kunstwerk zunächst als Fiktion anzusehen ist.[217] Dafür, dass die in Frage stehende Liedzeile offensichtliche Fiktion ist, spricht eine Gesamtbetrachtung des Liedtextes, welcher beispielsweise auch solche Zeilen enthält:

> *„Wir sind Todesser, Askaban-Member*
> *Expecto Patronum, Sectumsempra"*

Hier bezieht sich Jigzaw auf die offensichtlich fiktionalen Geschichten aus der „Harry Potter"-Reihe und bezeichnet sich selbst als Todesser und Askaban-Member, also als Antagonist, bevor er selbst Zaubersprüche ausspricht. Im selben Lichte sind auch die Zeilen über die *„Tochter der Geissens"* zu sehen, es geht nicht um Faktizität, sondern um reine Fiktion. Die Zeile ist ersichtlich nicht ernst gemeint.

Für die Fiktionalität, und dass diese auch so verstanden wird, spricht eine Argumentation des LG Berlin, welches zur Bemessung des Schmerzensgeldes in einem Fall in dem der Rapper Bushido eine Frau im Internet beleidigt hatte schrieb, dass Äußerungen von Rappern mit der unsachlichen und überzogenen Tendenz vom verständigen Durchschnittsbürger nicht für bare Münze genommen werden würden.[218] Wenn dies schon für Äußerungen anzunehmen ist, kann es für die tatsächliche Kunst eines Rappers nur mehr statt weniger gelten.

Der Sexualitätsbezug der hier untersuchten Zeilen führt somit nicht zu einer Betroffenheit der Menschenwürde.

Allerdings kann die Menschenwürde auch betroffen sein, wenn es sich bei den Äußerungen um eine Schmähkritik handelt.[219] Eine Schmähkritik liegt vor, wenn die grundsätzlich auch scharf oder ausfällig erlaubte Kritik nur noch auf eine vorsätzliche Ehrkränkung hinausläuft.[220] Dies ist der Fall, wenn in der Äußerung nicht mehr eine sachli-

---

217 *Klass* in ZUM 2023 428, 438.

218 LG Berlin, 13.08.2012 – 33 O 434/11, BeckRS 2012, 18220.

219 *Werner* in Weber „Schmähkritik".

220 BGH, 18.06.1974 – VI ZR 16/73, NJW 1974, 1762, 1763.

che Auseinandersetzung, sondern die Diffamierung und Herabsetzung der Person im Vordergrund steht.[221]

Zur Erhebung der „political correctness" auf die Stufe einer verfassungsimmanenten Schranke der Kunstfreiheit bieten allerdings weder Menschenwürde noch das allgemeine Persönlichkeitsrecht Anlass.[222]

Dass der Rapper Jigzaw äußert, sein Plan sei es, am 18. Geburtstag die „*Tochter der Geissens*" zu verführen und mit ihr Sex zu haben stellt keine Beleidigung dar. Eine Herabsetzung oder Diffamierung abseits jeglicher sachlichen Auseinandersetzung ist hier nicht ersichtlich.

Die Menschenwürde der Geiss-Töchter ist somit hier nicht betroffen und eine Abwägung zwischen dem allgemeinen Persönlichkeitsrecht und der Kunstfreiheit im konkreten Fall hat stattzufinden.

(3) Kriterien auf Seiten des allgemeinen Persönlichkeitsrechts

Hierzu sind zunächst die relevanten Abwägungskriterien auf Seiten des allgemeinen Persönlichkeitsrechts zu bestimmen.

(a) Betroffene Sphäre

Auf Seiten des allgemeinen Persönlichkeitsrechts ist zunächst entscheidend, welche Sphäre betroffen ist. Je näher eine Beeinträchtigung an den Kernbereich des Rechts, die Intimsphäre, heranrückt, desto höher sind die Anforderungen an eine Rechtfertigung, desto stärker fällt die Beeinträchtigung in der Abwägung ins Gewicht.[223]

Wenn auch der Sexualbezug der angegriffenen Zeilen des Liedes „Medusablick" keine Menschenwürdeverletzung begründet, ist dieser dennoch in der Abwägung zu würdigen.[224] Denn die Aussagen mit Sexualbezug lassen eine eindeutige Nähe zur Intimsphäre erkennen, die

221 BVerfG, 26.06.1990 – 1 BvR 1165/89, NJW 1991, 95, 96.
222 *Hufen* in Merten/Papier, § 101 Rn. 105.
223 *Martini*, JA 2009, 839, 844; *Bülow*, S. 166.
224 KG, 07.05.1992 – (3) 1 Ss 215/91, NStZ 1992, 385, 386.

Beeinträchtigung rückt als zumindest nah an diesen Kernbereich heran und wiegt dementsprechend schwer.

(b) Person der Öffentlichkeit

Von Bedeutung ist auch, ob es sich bei der betroffenen Person um eine Privatperson oder um eine Person des öffentlichen Lebens handelt, welche sich grundsätzlich mehr gefallen lassen müssen.[225]

Die Geiss-Töchter sind nicht nur als Kinder ihrer prominenten Eltern in der Öffentlichkeit, sondern wirken selbst an TV-Formaten wie der Show „Die Geissens – Eine schrecklich glamouröse Familie" mit. Sie sind also nicht nur Kinder von Prominenten, sondern selbst prominente Kinder und damit Personen der Öffentlichkeit. Ihre Minderjährigkeit ändert am Status als Person der Öffentlichkeit nichts, denn auch bei Minderjährigen verringert sich der Schutz des allgemeinen Persönlichkeitsrechts, wenn diese ihre Person selbst in die Öffentlichkeit stellen.[226] Denn bei Personen der Öffentlichkeit wird angenommen, dass diese in der öffentlichen Diskussion, im Vergleich zu Privatpersonen, über bessere Möglichkeiten verfügen, auf Angriffe und Kritik zu reagieren und ihnen, abseits des Juristischen, etwas entgegenzusetzen.[227] Dennoch muss auch hier die sich erst noch zu ihrer vollen Wirksamkeit entwickelnde Einsichtsfähigkeit von Minderjährigen beachtet werden. Denn die Geiss-Töchter sind eben auch nicht komplett eigenständig in die Öffentlichkeit gekommen, sondern als Töchter ihrer prominenten Eltern. Es ist also auch zu beachten, dass die Öffnung ihrer Persönlichkeit für die Öffentlichkeit denkbar weniger eine bewusste Entscheidung war als vielmehr ein Nebenprodukt ihres Aufwachsens in eben jener Familie. Andererseits wird angeführt, es gehe bei Personen der Öffentlichkeit generell meist nicht um eine persönliche Betroffenheit durch bestimmte Aussagen, sondern um eine die

225 *Klass* in ZUM 2023 428, 444.
226 BVerfG, 25.01.2012 – 1 BvR 2499/09, 1 BvR 2503/09, MMR 2012, 338, 339f.
227 *Gounalakis*, NJW 1995, 809, 815.

Allgemeinheit interessierende Fragestellung, welche lediglich exemplarisch an der konkreten öffentlichen Person diskutiert werde.[228] Diese Aussage ist auch im vorliegenden Fall zutreffend, denn bei den angegriffenen Zeilen des Liedes „Medusablick" geht es eben nicht um einen konkreten Angriff auf die Geiss-Töchter, welche selbst nicht einmal konkret benannt sind, sondern es geht um den durch die Aussagen der Geiss-Eltern zu Tage getretenen Rassismus.

(c) Minderjährigkeit

Die Minderjährigkeit der Geiss-Töchter ist allerdings als Kriterium an sich relevant. Kinder genießen einen besonderen Schutz, da sie sich erst zu eigenverantwortlichen Personen entwickeln müssen.[229] Der Eingriff in das allgemeine Persönlichkeitsrecht eines Kindes wiegt somit schwerer, allerdings nicht so schwer, dass das allgemeine Persönlichkeitsrecht in diesen Fällen immer überwiegen würde, zumindest nicht bei prominenten Kindern.[230] Vorliegend ist allerdings zu beachten, dass die Geiss-Töchter zum Zeitpunkt der Veröffentlichung des Liedes bereits 14 und 15 Jahre alt sind. Der konkrete Umfang des Rechts auf eine ungestörte kindliche Entwicklung ist im Einzelfall unter Berücksichtigung der jeweiligen Entwicklung des Minderjährigen zu erfassen, vorliegend also bei Jugendlichen weniger weit als bei Kindern.[231]

(d) Verbreitungsgrad, Fortdauer und Wirkung

Für die Schwere der Persönlichkeitsrechtsverletzung ist auch der Verbreitungsgrad der Rufschädigung sowie dessen Nachhaltigkeit und

228 *Gounalakis*, NJW 1995, 809, 816.
229 BVerfG, 15.12.1999 – 1 BvR 653/96, ZUM 2000, 149, 156.
230 BVerfG, 25.01.2012 – 1 BvR 2503/09, MMR 2012, 338, 340.
231 BGH, 15.09.2015 – VI ZR 175/14, NJW 2016, 789, 790.

Fortdauer relevant.[232] Ebenfalls ist die erfolgte wie auch für die Zukunft vermutete Wirkung des Kunstwerkes abwägungserheblich.[233]

Das Album „Post Mortem“, auf welchem sich das Lied „Medusablick“ befand, stieg auf Platz 14 in den deutschen Albumcharts ein und konnte sich zwei Wochen lang in den Top 100 der Charts halten.[234] Über das Internet war das Lied bis zu einer Unterlassungsaufforderung der Geissens weiterhin frei abrufbar. Auch wäre annehmbar, dass Jigzaw das Lied aufgrund seiner Popularität auf Live-Auftritten rappen würde. Es liegt also ein großer Verbreitungsgrad vor und die Verletzung würde fortdauern und sich wiederholen. Gleichzeitig ist aber auch hier die Fragmentierung der Öffentlichkeit zu beachten, denn es ist davon auszugehen, dass zum allergrößten Teil nur Kenner der Kunstform „Gangster-Rap“ dieses Lied wahrgenommen haben. Genau diese aber werden erkannt haben, dass die Textzeilen nicht ernst gemeint sind, sich tatsächlich gegen die Geiss-Eltern richten und auch keine vom LG Mannheim beschriebene „Vergewaltigungsfantasie mit anschließender Tötung“ meinen.

(4) Kriterien auf Seiten der Kunstfreiheit

Weiter sind auch die relevanten Abwägungskriterien auf Seiten der Kunstfreiheit zu bestimmen. Zunächst ist hierbei festzuhalten, dass auch im Rahmen der Abwägung keine qualitative Wertung der Kunst stattfinden darf.[235] Vielmehr sind auch in der Abwägung die Strukturmerkmale der betreffenden Kunstgattung zu berücksichtigen.[236]

---

232 *Brost/Hassel*, NJW 2020, 2214, 2215.

233 *Bünnigmann*, S. 380.

234 Offizielle deutsche Charts, https://www.offiziellecharts.de/album-details-367649, zuletzt abgerufen: 10.09.2024.

235 *Fischer*, S. 79.

236 BVerfG, 07.03.1990 – 1 BvR 1215/87, NJW 1990, 1985, 1985.

(a) Betroffener Bereich der Kunstfreiheit

Auf Seiten der Kunstfreiheit ist unter Anderem entscheidend, ob von dem Eingriff der Werk- oder der Wirkbereich betroffen ist. Auch wenn beide Bereiche auf Schrankenebene grundsätzlich gleichrangig sind, ist der Unterschied zwischen Werk- und Wirkbereich in der Abwägung erheblich.[237]

Denn der Werkbereich beschreibt die Sphäre der Schöpfung und muss von rechtlichen Beschränkungen möglichst frei bleiben.[238] Der Wirkbereich aber ist nach außen gerichtet, betritt die soziale Sphäre, und ist damit für Konflikte mit Rechten Dritter besonders anfällig.[239] Hierdurch kann der Wirkbereich grundsätzlich stärkeren Einschränkungen unterliegen, aber auch nur insoweit, als die relative Freiheit gewährleistet ist, also eine generelle Verbreitung möglich bleibt und nicht der Wirkbereich in Gänze ausgeschaltet wird.[240] Eine Einschränkung der Kunstfreiheit ist demnach im Werkbereich weniger, im Wirkbereich eher zulässig.[241]

Vorliegend ist die Verpflichtung zur Unterlassung der Äußerung der beanstandeten Textzeilen eindeutig dem Wirkbereich zuzuordnen. Jigzaw wird durch die Unterlassungsverpflichtung nicht verboten einen solchen Text zu dichten (Werkbereich), sondern lediglich ihn dann auch zu verbreiten (Wirkbereich). Bezüglich der Unterlassung ist auch beachtlich, dass „Medusablick“ nach dem Urteil erneut veröffentlicht wurde und hierbei der Text nur leicht abgewandelt wurde. Dies spricht dafür, dass der Eingriff durch die Unterlassungsverpflichtung nicht sonderlich schwer wiegt, da das Kunstwerk an sich offenbar auch ohne die beanstandeten Zeilen weiterhin bestehen kann.

Die Verpflichtung zur Zahlung von Schmerzensgeld wiederum lässt sich nicht so eindeutig zuordnen. Folge einer Verurteilung zur Zahlung von Schmerzensgeld ist nicht nur die Genugtuung für die Ehrverlet-

237 *Starck* in v. Mangoldt/Klein/Starck, Art. 5 Abs. 3 Rn. 328 ff.
238 *Erhardt*, S. 110.
239 *Kloepfer*, § 62 Rn. 19.
240 *Erhardt*, S. 110.
241 *Clemens/Zöbeley* in Umbach/Clemens, Art. 5 Rn. 259.

zung, sondern auch eine Prävention in der Form, dass eine solche das Äußern kritischer Meinungen zu einem finanziellen Risiko werden lässt, was wiederum die Bereitschaft mindern kann, sich überhaupt kritisch zu äußern.[242] Eine Verpflichtung zur Zahlung von Geldentschädigung besitzt somit eine „generalpräventive Abschreckungswirkung".[243] Hiermit besteht demnach auch die Möglichkeit, dass durch die vergangene Verpflichtung zur Zahlung von Schmerzensgeld, diese auch für die Zukunft Wirkungen entfaltet, welche bereits im Wirkbereich ansetzen, da der Rapper Jigzaw in Form einer „Schere im Kopf" gehindert sein könnte möglicherweise Ehrverletzendes überhaupt zu erschaffen.

An einen solchen Eingriff sind strenge Anforderungen zu stellen, er ist demnach schwerwiegender.

(b) Ästhetische Realität

Auf Seiten der Kunstfreiheit muss zudem beachtet werden, dass ein Kunstwerk Realität nicht nur im außerkünstlerischen Wirkbereich, also der Wirklichkeit selbst, besitzt, sondern vor allem auf der künstlerisch-ästhetischen Ebene.[244] Das Kunstwerk bildet also die Schöpfung einer neuen Wirklichkeit, an welche gerade nicht die Maßstäbe einer außerkünstlerischen Realität anzulegen sind, gleichzeitig aber besitzt jedwedes Kunstwerk auch Wirkungen in ebenjener außerkünstlerischen Realität.[245] Das Kunstwerk selbst darf also innerhalb der Abwägung nicht bloß als reine Abbildung der Realität gewertet werden. Vielmehr besteht eine Wechselbeziehung zwischen dem Grad der von der Wirklichkeit abgelösten ästhetischen Realität und der Intensität der Persönlichkeitsrechtsverletzung.[246] Je mehr Wirklichkeit und ästhetische Realität übereinstimmen, desto schwerer wiegt die Beeinträchtigung des Persönlichkeitsrechts.

---

242 BVerfG, 13.05.1980 – 1 BvR 103/77, NJW 1980, 2069, 2069.
243 *Füglein*, S. 219.
244 BVerfG, 24.02.1971 – 1 BvR 435/68, NJW 1971, 1645, 1649.
245 *Bünnigmann*, S. 375.
246 *Muckel*, JA 2008, 153, 153.

Relevant hierfür ist unter anderem die Identifizierbarkeit der betroffenen Person(en). Es ist also entscheidend, wie deutlich nicht lediglich rein Fiktionales beschrieben wird, sondern es auch um reale Personen geht. Gegen eine Identifizierbarkeit konkret einer der beiden Geiss-Töchter spricht zwar, dass in dem Liedtext von *„die Tochter der Geissens"* gesprochen wird, allerdings werden sie aufgrund der Nennung des Nachnamens und des bevorstehenden 18. Geburtstages beide gemeint sein können. Ebenfalls entscheidend ist sodann, inwieweit das Kunstwerk selbst überhaupt einen Wahrheitsanspruch erhebt.[247]

Die Frage ist also, inwieweit in „Medusablick" eine eigene ästhetische, fiktionale Welt erschaffen wird. Hierfür spricht schon einmal generell, dass „Medusablick" unter dem Künstlernamen Jigzaw und nicht unter bürgerlichem Namen veröffentlicht wurde. Der Künstlername Jigzaw ist hierbei auch eine Bezugnahme auf die Horror-Film Reihe „SAW" und den Antagonisten mit dem Namen „Jigzaw". Konkret auf „Medusablick" bezogen spricht hierfür auch der Text selbst, in welchem sich Jigzaw als brachialen Kämpfer gegen seine Feinde inszeniert, offensichtlich nicht ernst gemeint davon berichtet diese zu töten, und Bezug nimmt auf beispielsweise Zaubersprüche aus den Harry Potter Romanen oder Gestalten aus der Mythologie.[248] Ebenfalls werden die Geiss-Töchter hier nicht konkret einzeln namentlich erwähnt, sondern es heißt *„die Tochter der Geissens"*. Hierdurch wird also das fiktionale Bild gemalt, der Rapper Jigzaw würde bei der Familie Geiss, am achtzehnten Geburtstag ihrer Tochter, vor der Tür stehen und diese verführen, was ebenfalls offensichtlich nicht ernst gemeint ist. Dies wird von dem Rezipienten auch so verstanden werden. Dennoch bleibt der Bezug zur Realität durch die Nennung des Familiennamens der „Geissens" und die Bezugnahme auf den bevorstehenden 18. Geburtstag beider Töchter. „Medusablick" bleibt also nicht rein fiktional, sondern nimmt Bezug auf die Wirklichkeit und macht die Geiss-Töchter konkret erkennbar. Allerdings geht es bei der Frage der Fiktionalität nicht

---

247 *von Becker*, AfP 2001, 466, 470.

248 *„Iblis hat meine Seele geleitet/Und Azrael mich auf meinem Wege begleitet"* *„Wir sind Todesser, Askaban-Member/Expecto Patronum, Sectumsempra"*.

darum, eine Erkennbarkeit realer Personen vollständig auszuschließen, sondern darum, ob den Rezipienten klar wird, dass es bei den Äußerungen nicht um Fakten, sondern eben um Fiktion geht.[249]

Genau dies ist hier der Fall.

(c) Intention/Recht auf Gegenschlag

Auf Seiten der Kunstfreiheit ist ebenfalls relevant, ob es bei der Persönlichkeitsrechtsverletzung allein um einen Angriff geht oder auch legitime Absichten verfolgt werden.[250] Hier findet dann ebenfalls die Differenzierung ihren Platz, ob es bei dem Werk um ein Thema von gesellschaftlicher Relevanz geht oder es einzig und allein der Unterhaltung dient.[251]

Wie herausgearbeitet geht es dem Rapper Jigzaw inhaltlich darum, die als rassistisch interpretierbaren Äußerungen der Geiss-Eltern herauszustellen. Dies spricht vorliegend für die Kunstfreiheit. Ob die Äußerungen der Geiss-Eltern allerdings ein Recht auf Gegenschlag in dieser konkreten Form rechtfertigen können, ist zu hinterfragen.

Zwar wird vertreten, ein Recht auf Gegenschlag gebe es, anders als bzgl. der Meinungsfreiheit, in der Kunst nicht,[252] doch ist dieser Meinung nicht zu folgen. Kunst hat kommunikative Funktionen und diese zugrunde legend, kann im Lichte einer offenen Debattenkultur in einer Demokratie nicht vorgeschrieben werden, dass Reaktionen auf Äußerungen nicht per kritischer Kunst erfolgen könnten. Es gibt also grundsätzlich auch innerhalb der Kunstfreiheit ein Recht zum Gegenschlag.[253] Bei der Bewertung dieses Gegenschlags muss sodann auch wie in der Interpretation die genretypische Formensprache berücksich-

---

249 OLG München, 6.2.2013 – 18 W 206/13, AfP 2013, 154, 157.
250 *Bülow* S. 167.
251 *Bünnigmann* S. 376.
252 *Regge/Pegel* in Erb/Schäfer, § 193 Rn. 65; *Bünnigmann* S. 385.
253 Würkner, JA 1988, 183, 191.

tigt werden, es ist also ein gegenüber der allgemeinen gegenseitigen Kritik großzügigerer Maßstab anzulegen.[254]

Auch die heutige von Reizüberflutungen geprägte Zeit erweitert den anzulegenden Maßstab, denn da Sinn jeder zur Meinungsbildung beitragenden öffentlichen Äußerungen gerade die Aufmerksamkeitsgewinnung für den Inhalt der Äußerung ist, sind auch starke Formulierungen grundsätzlich hinzunehmen.[255]

Die Geiss-Eltern hatten vorliegend nicht Jigzaw persönlich mit ihren unterstellt rassistischen Äußerungen angegriffen, sondern einen anderen Rapper, doch durfte sich Jigzaw ebenfalls betroffen fühlen, da er zum einen ebenfalls einen Migrationshintergrund hat und zum anderen auch ebenfalls als Rapper aktiv ist.[256]

Es geht beim Recht auf Gegenschlag allerdings darum, ob die betroffene Person Anlass zu scharfer Kritik gegeben hat.[257] Das im Gegenschlag Geäußerte muss sodann zu den Äußerungen der Gegenseite verhältnismäßig sein.[258] Dies ist vorliegend nicht der Fall. Die Äußerungen, welche zum verbalen Gegenschlag des Rappers Jigzaw geführt haben, wurden von den Geiss-Eltern getätigt, nicht von den Geiss-Töchtern. Die Äußerungen der Geiss-Eltern würden aufgrund ihrer als rassistisch aufgefassten Konnotation zwar grundsätzlich einen Gegenschlag rechtfertigen können, allerdings nur insoweit es um die Betroffenheit der Rechte der Geiss-Eltern geht. Da die Geiss-Töchter hier selbst keinen Grund geliefert haben, erwähnt zu werden, kann das Recht zum Gegenschlag in der Abwägung ihres allgemeinen Persönlichkeitsrechts keine Rolle spielen.

Das Gewicht der Persönlichkeitsrechtsverletzung wird aber unter anderem auch anhand des Beweggrundes des Schädigers bestimmt.[259] Obwohl also Jigzaw hier kein Recht auf Gegenschlag gegenüber den

---

254 *Oglakcioglu/Rückert*, ZUM 2015, 876, 882.

255 BVerfG, 06.11.1968 – 1 BvR 501/62, NJW 1969, 227, 228.

256 Vgl. Generalstaatsanwaltschaft Koblenz, 13.10.2016 – 4 ZS 831/16, AfP 2016, 556, 559.

257 *Hufen* in Merten/Papier, § 101 Rn. 104.

258 BVerfG, 06.11.1968 – 1 BvR 501/62, NJW 1969, 227, 228.

259 *Brost/Hassel*, NJW 2020, 2214, 2215.

Geiss-Töchtern besaß, ist dennoch festzuhalten, dass es ihm nicht um eine reine Schmähung ebenjener ging, sondern der Beweggrund hinter der Persönlichkeitsrechtsverletzung über einen reinen Angriff hinausgeht. Jigzaw kann hier unterstellt werden, auf den Tabubruch mehrerer öffentlich ausgesprochener, rassistischer Äußerungen der Geiss-Eltern ebenfalls mit einem Tabubruch zu reagieren, was nicht grundsätzlich unzulässig ist.[260] Auch spricht für Jigzaw vorliegend, dass die Äußerungen der Geiss-Eltern zwar innerhalb der (migrantisch geprägten) Deutschrapszene für Aufsehen und Kritik sorgten, außerhalb dieser aber wenig darauf eingegangen wurde. Die Geiss-Eltern finden weiterhin in der Öffentlichkeit statt und eine große öffentliche Kritik an ihren Aussagen gab es nicht. Gerade in den Fällen, in denen ein Tabubruch von „der Öffentlichkeit“ einfach stillschweigend hingenommen bis durchgewunken wird, erscheint ein sehr scharfer Angriff in Form eines weiteren Tabubruchs, welcher auch über die Stränge schlägt, als der Versuch Aufmerksamkeit auf ein Thema zu lenken, welches offensichtlich von „der Öffentlichkeit“ ignoriert wird.

(d) Bewertung der äußeren Form

Abschließend stellt sich die Frage, wie damit umzugehen ist, dass das allgemeine Persönlichkeitsrecht der Geiss-Töchter gerade nur durch die Einkleidung, nicht aber durch den Aussagekern berührt ist. Ob und inwieweit die Einkleidung allein überhaupt noch eine Rechtsgutsverletzung begründen kann, und inwiefern dies in der Abwägung zu berücksichtigen ist, ist umstritten.

So wird vertreten, es könne bei der Frage einer Rechtsgutsverletzung überhaupt nur auf den Aussagekern abgestellt werden.[261] Form und Inhalt seien faktisch nicht voneinander zu trennen, denn die Form diene ja gerade der Übermittlung des Inhalts.[262] Und schon die

260 Generalstaatsanwaltschaft Koblenz, 13.10.2016 – 4 ZS 831/16, AfP 2016, 556, 561.
261 *Brauneck*, ZUM 2016, 710, 713.
262 *Gärtner*, S. 125.

Ermittlung des Aussagekerns stehe im Widerspruch zum vertretenen offenen Kunstbegriff, da eine solche Ermittlung versuche den einen ermittelbaren Sinn herauszuarbeiten, was schlussendlich nur in einer Fiktion von ebenjenem enden könne.[263] Wenn trotzdem versucht werde Form und Inhalt zu trennen entstünde die absurde Situation, dass erst aufwändig das eigentlich gemeinte herausgearbeitet und bewertet werde, um schlussendlich dann doch auf das vordergründig Gesagte einzugehen.[264]

Und auch das Bundesverfassungsgericht beschreibt im Jahre 2001 die Widersprüchlichkeit des Vorgehens, wenn eine Äußerung zunächst als nicht ernst gemeint charakterisiert werde, dieser Äußerung sodann aber ein Bedeutungsgehalt zugemessen werde, welcher nur bestehen würde, wenn man die Äußerung als ernst gemeint beim Wort nehme.[265]

Hier taucht dann doch die Frage des Rezipienten wieder auf, denn wenn die äußere Form für sich allein betrachtet wird, kann dies denklogisch nur anhand des Maßstabs eines völlig unverständigen Rezipienten, welcher die eigentliche Aussage nicht versteht, geschehen.[266]

Würde man diesem Vorgehen folgend, nach der Überprüfung des Aussagekerns, diesen anschließend außer Betracht lassen und im zweiten Schritt einzig und allein auf die äußere Form abstellen, würde sich die bezweckte Privilegierung der Satire in ihr Gegenteil verwandeln. Denn zur Beurteilung jedweder Kunst ist diese zunächst werkgerecht zu interpretieren, was im Ergebnis immer eine Betrachtung des Aussagekerns des Kunstwerks bedeutet. Es ist also mindestens erforderlich, bei Betrachtung von Aussagekern und äußerer Form immer auch den jeweils anderen Teil im Blick zu behalten.[267]

In mehreren Entscheidungen hat das Bundesverfassungsgericht dem folgend auch lediglich auf den jeweiligen Aussagekern abgestellt, welcher nicht, oder falsch, erfasst worden sei und die äußere Form nicht beachtet, obwohl es die vorzunehmende zweistufige Prüfung teil-

---

263 *Rittig* in Dankert/Lothar, 203, 219.

264 *Gärtner*, S. 125.

265 BVerfG, 01.08.2001 – 1 BvR 1906/97, NJW 2001, 3613, 3613.

266 *Gärtner*, S. 126.

267 *Heinicke/Schmidt*, NWVBl. 2016, 309, 312.

weise sogar eingangs erwähnte.[268] In der Rechtsprechung der Instanzgerichte findet sich hingegen auch die Beurteilung der Einkleidung, welche für sich genommen bewertet und als Anknüpfungspunkt eines Urteils herangezogen wird.[269] Doch auch dies ist in der Rechtsprechung der Instanzgerichte nicht konsistent. So beschreibt das OLG Düsseldorf, in der satirischen Einkleidung könne, da diese als Übertreibung durchschaut werde, eine Beleidigung lediglich gesehen werden, wenn sie ersichtlich nur noch den Zweck der Schmähung verfolge.[270] Dies kann allerdings denklogisch nur der Fall sein, soweit überhaupt kein über die Schmähung hinausgehender Aussagekern vorliegt, denn andernfalls würde die Form nicht ersichtlich nur noch der Schmähung dienen. In diesen Fällen ist aber bereits der Aussagekern eine Schmähung und damit Anknüpfungspunkt einer Rechtsverletzung.

Das LG Frankfurt wiederum geht davon aus, dass die Form der Darstellung nicht isoliert, sondern immer im Zusammenhang mit dem Aussagekern betrachtet werden müsse.[271] Dies erscheint überzeugend.

Zunächst einmal ist festzustellen, dass ein komplettes außer Acht lassen der äußeren Form, also lediglich ein Abstellen auf den Aussagekern, zwar einen besonderen Schutz der Satire begründen würde, dieses Vorgehen der Eigenarten der Satire aber nicht gerecht wird. Denn wenn es bei der Satire wirklich nur um den Aussagekern gehen würde, könnte die konkrete Aussage auch direkt und offen geäußert werden, ohne das Hilfsmittel der äußeren Form zu benutzen. Denn genau dies ist die äußere Form: Ein Hilfsmittel. Dem Aussagekern wird durch die Einkleidung, womöglich auf Kosten der Persönlichkeitsrechte des „Opfers", Aufmerksamkeit und Wirksamkeit verschafft.[272] Die Einkleidung ist somit Mittel zum Zweck, des Aussagekerns, doch wie jedes Mittel

---

268 BVerfG, 03.11.2000 – 1 BvR 581/00, NJW 2001, 596; BVerfG, 10.07.2002 – 1 BvR 354/98, NJW 2002, 3767; BVerfG, 25.03.1992 – 1 BvR 514/90, GRUR 1992, 471; BVerfG, 15.03.1989 – 1 BvR 522/87, NJW 1989, 3148.

269 OLG Hamburg, 09.12.1993 – 3 U 170/93, NJW-RR 1994, 1373, 1374; LG Hamburg, 13.08. 1999 – 324 O 106/99, NJW-RR 2000, 978, 980.

270 OLG Düsseldorf, 08.03.1991 – 2 Ss 391/90 – 17/91 II, NJW 1992, 1335.

271 LG Frankfurt, 06.10.1981 – 5/24 Qs 16/81, NJW 1982, 658, 659.

272 *Heinicke/Schmidt*, NWVBl. 2016, 309, 312.

kann es über den Zweck hinausschießen.[273] Ein bloßes Abstellen auf den Aussagekern, bei außer Acht lassen der äußeren Form, könnte dem Künstler ermöglichen, was der Satire gerade nicht wesenseigen ist. Denn anstatt die äußere Form um des Aussagekerns Willen zu benutzen, könnte andersherum ein Aussagekern einfach untergeschoben werden, um sodann mittels der äußeren Form jedwede Schmähung vorbringen zu dürfen. Auch ist zu bedenken, dass die äußere Form das ist, was der Rezipient als erstes wahrnimmt und was ihm zudem in Erinnerung bleibt, wodurch gerade die Einkleidung eine besondere Langzeitwirkung entfaltet.[274]

Bei der Beurteilung der äußeren Form ist demnach auf eine innere Angemessenheit zwischen ihr und dem verfolgten Zweck, also dem Aussagekern, abzustellen.[275] Zwar wird hiergegen eingewandt, das Erfordernis einer Verhältnismäßigkeit zwischen Inhalt und Form würde vom Künstler Zurückhaltung fordern, dabei sei doch gerade die Unsachlichkeit und der Bruch mit herrschenden Konventionen Standard in der Satire,[276] doch erscheint eine solche generelle Aussage zu schlicht. Durch das Fordern von Verhältnismäßigkeit zwischen Inhalt und Form wird der Satire grundsätzlich auch eine Unsachlichkeit und der Konventionsbruch gestattet, doch werden gleichsam auch die möglicherweise betroffenen Persönlichkeitsrechte geschützt, indem nicht grundsätzlich jede Unsachlichkeit geduldet wird, sondern ihr Bezug zum verfolgten Zweck eingeordnet wird. Die Satire selbst ist nicht unsachlich, um unsachlich zu sein, sondern um auf den Zweck, die Norm, hinzuweisen. Und die äußere Form ist eben auch eine Äußerung mit eigenem Erklärungswert.[277]

Weiter wird gegen ein Verhältnismäßigkeitserfordernis angeführt, es könne keine allgemeinen Regeln darüber geben, wann der Zweck das Mittel heilige und am Ende laufe diese Vorgehensweise doch wieder auf eine in die Nähe zum Kunstrichtertum rückende qualitative Bewertung

---

273 *Oechsler*, NJW 2017, 757, 761.
274 *Simon*, S. 44.
275 *Oechsler*, NJW 2017, 757, 762.
276 *Gärtner*, S. 138.
277 *Hilgendorf* in Hilgendorf/Hörnle/Nestler, § 185 Rn. 25.

der Kunst hinaus.[278] Doch sind allgemeine Regeln hier gar nicht notwendig, sondern im Rahmen dieser Verhältnismäßigkeit können alle Aspekte des konkreten Falls berücksichtigt und gewertet werden. Bei dieser Wertung muss dann, wie in jedem Rechtsstreit, schlussendlich ein Richter entscheiden, doch wie bereits in der Frage nach einem Definitionsverbot von Kunst erläutert, kann eben nur geschützt werden, was auch definiert und rechtlich handhabbar gemacht wird.

Dementsprechend eine Verhältnismäßigkeit zu fordern, erscheint als der bestmögliche Ausgleich zwischen Kunstfreiheit und dem allgemeinen Persönlichkeitsrecht.

Dennoch muss, wenn lediglich auf den Aussagekern als mögliche Rechtsverletzung abgestellt wird, ein erheblicher Spielraum zugestanden werden.[279] Regelmäßig scheidet dann eine Rechtsverletzung allein durch die genretypische Einkleidung aus, sie ist aber grundsätzlich möglich.[280] Soweit die Satire als Übertreibung erkannt wird, ist die Einkleidung selbst meist nicht mehr geeignet, die Ehre des Betroffenen zu beeinträchtigen.[281] Denn die äußere Form wird dann gerade nicht mehr ernst genommen, somit fehlt der beleidigende Charakter.[282]

Bei Satire, welche überwiegend das Ziel verfolgt eine andere Person zu verunglimpfen dürfte das allgemeine Persönlichkeitsrecht allerdings regelmäßig überwiegen.[283] Dennoch besteht hierbei für den Künstler ein größerer Gestaltungsspielraum, denn es muss möglich sein Kritik an Personen oder gesellschaftlichen Entwicklungen übertrieben und pointiert darzustellen.[284] Vorliegend werden die Liedzeilen auf „Medusablick“ von einem verständigen, mit der Kunstform Deutschrap vertrauten Rezipienten als eindeutige Übertreibung erkannt und somit nicht ernst genommen werden. Doch auch wenn die Liedzeilen den legitimen Beweggrund verfolgen, die Geiss-Eltern für ihre getätigten

---

278 *Rittig* in Dankert/Lothar, 203, 217 f.
279 *von Bismarck,* AfP 1981 471, 473.
280 *Busche* in JA 2022, 925, 928.
281 *Schack*, S. 318 Rn. 609.
282 *Raue*, S. 87.
283 *Schwamborn* in JA 2023, 833, 339.
284 *Bünnigmann*, S. 379.

Äußerungen zu kritisieren, erfolgt der Angriff in seiner äußeren Form gegen die an diesem Konflikt nicht beteiligten Geiss-Töchter. Dies geschieht sodann auch in einer Form, welche expliziten Sexualbezug aufweist und sich hierbei zudem auf zum Zeitpunkt des Erscheinens des Liedes Minderjährige bezieht. Es wäre ohne weiteres möglich gewesen, die Geiss-Eltern zu kritisieren und ihren unterstellten Rassismus zu thematisieren, ohne hierbei die Unbeteiligten Geiss-Töchter zu erwähnen. Hier schießt somit das gewählte Mittel über den Zweck hinaus und die äußere Form ist zu dem Aussagekern nicht mehr angemessen.

(5) Abwägung bzgl. Unterlassungsverpflichtung

Für die Kunstfreiheit von Jigzaw spricht somit, dass vorliegend lediglich die äußere Form das allgemeine Persönlichkeitsrecht der Geiss-Töchter berührt und hierbei von einem verständigen Rezipienten diese äußere Form als offensichtliche Übertreibung innerhalb einer ästhetischen Realität erkannt und somit nicht ernst genommen wird. Auch wenn ein Recht zum Gegenschlag konkret gegen die Geiss-Töchter nicht besteht, spricht die Intention hinter dem Angriff, die Kritik an rassistischen Äußerungen der Geiss-Eltern, zunächst ebenfalls für die Kunstfreiheit.

Genau das Auseinanderfallen zwischen dem Ziel des offensichtlichen Angriffs durch die äußere Form und dem Ziel der Kritik des Aussagekerns allerdings sorgt dafür, dass die zu fordernde Verhältnismäßigkeit zwischen Aussagekern und äußerer Form hier nicht gewahrt ist. Zudem zielt der Angriff durch die äußere Form, durch den Sexualbezug, auch in die Nähe der absolut geschützten Intimsphäre von, wenn auch prominenten, Minderjährigen, welche generell besonders geschützt werden müssen. Die Verpflichtung zur Unterlassung greift sodann auch lediglich in den Wirkbereich der Kunstfreiheit ein. Durch die Popularität des Liedes ist ebenfalls anzunehmen, dass das Lied in der Zukunft bei Auftritten gespielt und damit die Persönlichkeitsrechtsverletzung wiederholt werden könnten. Genau vor solchen zu erwartenden Wiederholungen soll der Unterlassungsanspruch schützen.[285] Allerdings ist zu beachten, dass Jigzaw hier zur Unterlassung mehrerer Zeilen verpflichtet wurde. Während sich die Zeile

> *„Brraa, hinterlasse Projektile und Leichen*
> *Am achtzehnten Geburtstag der Tochter der Geissens*
> *Steh' ich vor der Tür und hol' mir die Kleine*
> *und hinterlasse Creampie in ihrer Scheide"*

unzweifelhaft auf die Geiss-Töchter bezieht, ist dies bei anderen der Unterlassungsverpflichtung unterfallenden Zeilen anders.

Die werkgerechte Interpretation anhand des Maßstabes eines mit der Kunstform Deutschrap vertrauten Empfängers hat ergeben, dass sich

> *„Darum heg ich Empathie auch für meine Feinde*
> *Wenn ich dich ficke, dein Körper am Boden verteilt ist*
> *zieht die Spurensicherung Linien aus Kreide*
> *diese kleinen Nutten machen Welle nur vom Weitem"*

anders als vom Landgericht Mannheim angenommen, nicht auf die Geiss-Töchter bezieht. Selbst wenn dem LG Mannheim in der Argumentation zu folgen wäre, dass der vorher aufgeworfene Bezug zu *„der Tochter der Geissens"* auf die späteren Zeilen fortwirkt, würde dieser Bezug entfallen, sobald die Zeilen mit konkreter Namensnennung unterlassen würden.

Die Unterlassungsverpflichtung bezüglich der Zeilen mit Namensnennung der „Tocher der Geissens" ist somit angemessen, eine darüber hinausgehende Verpflichtung zur Unterlassung ist nicht mehr angemessen.

(6) Abwägung bzgl. Verpflichtung zur Zahlung von Geldentschädigung

Für die Verpflichtung zur Zahlung von Geldentschädigung gilt das Vorgesagte, mit dem Unterschied, dass dieser Eingriff auch den Werkbereich der Kunstfreiheit betrifft und somit schwerer wiegt.

---

285 *Simon*, S. 121.

Außerdem besteht bezüglich der Verpflichtung zur Zahlung von Geldentschädigung zusätzlich die Voraussetzung, dass denjenigen, der das allgemeine Persönlichkeitsrecht beeinträchtigt, der Vorwurf der schweren Schuld treffen muss oder dass die Beeinträchtigung des allgemeinen Persönlichkeitsrechts erheblich ins Gewicht fällt.[286] Das Gewicht der Beeinträchtigung des allgemeinen Persönlichkeitsrechts wirkt sich hierbei auch auf die Vermutung der schweren Schuld aus.[287]

Die Satire-eigene, wie festgestellt aber auch im „Gangster-Rap" vorliegende, wesensimmanente Verfremdung und Übertreibung erfordert es sodann, die Schwelle für eine Persönlichkeitsrechtsverletzung, welche eine Geldentschädigung notwendig macht, deutlich höher anzusetzen, sodass nur ganz außergewöhnlich schwere Verletzungen eine solche rechtfertigen.[288]

Ebenfalls wird, als weitere Voraussetzung, angeführt, ein Anspruch auf Schadensersatz bei Ehrverletzung sei subsidiär, solle also nur bestehen, soweit ansonsten eine Rechtsschutzlücke bestehen würde.[289]

Hierbei ist zunächst zu beachten, dass gerade bei Online-Veröffentlichungen, wie dem Lied „Medusablick", eine alleinige Unterlassungsverpflichtung regelmäßig nicht dazu führt, dass die Ehrverletzung tatsächlich komplett aus dem Internet verschwindet, eine solche Verpflichtung also eine weniger effektive Genugtuung darstellt.[290] Andererseits erfüllt ein Unterlassungsanspruch bereits eine ideelle Genugtuung.[291]

Außerdem liegt in den Zeilen des Liedes „Medusablick" keine ganz außergewöhnlich schwere Verletzung des Persönlichkeitsrechts der Geiss-Töchter. Die Verletzung ist offensichtlich nicht ernst gemeint und zielt für verständige Rezipienten in Wahrheit auf die Geiss-Eltern und nicht auf die Geiss-Töchter. Hierbei ist dann auch die Schwelle der Menschenwürdeverletzung nicht erreicht, denn die sachgerechte

---

286 BGH, 19.09.1961 – VI ZR 259/60, NJW 1961, 2059, 2060.

287 *Stark*, S. 171.

288 LG Hamburg, 13.08.1999 – 324 O 106/99, NJW-RR 2000, 978, 980.

289 *Stark*, S. 172.

290 BGH, 17.12.2013 – VI ZR 211/12, NJW 2014, 2029, 2035.

291 BVerfG, 02.04.2017 – 1 BvR 2194/15, ZUM 2017, 835, 836.

Interpretation hat gerade ergeben, dass die Interpretation durch das LG Mannheim zu drastisch und falsch war. Eine Nicht-Verletzung der Menschenwürde wird teilweise als Ausschlussgrund für einen immateriellen Schadensersatz gesehen.[292] Somit ist dann Jigzaw auch nicht der Vorwurf der schweren Schuld zu machen. Auch ist hier beachtlich, dass die Geiss-Töchter Personen der Öffentlichkeit sind, denen gegenüber eine Persönlichkeitsrechtsverletzung noch einmal ein stärkeres Gewicht haben muss, um einen Schadensersatz zu rechtfertigen.[293] Demnach ist die Verpflichtung zur Zahlung von Geldentschädigung nicht angemessen.

IV. Ergebnis

Die Unterlassungsverpflichtung ist teilweise unverhältnismäßig. Die Verpflichtung zur Zahlung von Geldentschädigung ist in ihrer Gänze unverhältnismäßig. Jigzaw ist somit sowohl durch die Unterlassungsverpflichtung als auch durch die Verpflichtung zur Zahlung von Geldentschädigung in seiner Kunstfreiheit aus Art. 5 III GG verletzt. Außerdem bedeutet auch bereits die fehlerhafte Interpretation des Werkes eine Verletzung der Kunstfreiheit.

Das Urteil des Landgerichts Mannheim verletzt somit die Kunstfreiheit des Rappers Jigzaw.

292 *Simon*, S. 131.
293 *Beisel*, S. 154.

D. Fazit

Die vorangegangene Untersuchung des Falls „Jigzaw gegen die Geissens“ hat gezeigt, dass die Schwierigkeiten einer Definition von „Kunst“ auch losgelöst dieses konkreten Falls nicht nur in der Eröffnung des Schutzbereichs des Art. 5 III GG eine entscheidende Rolle spielen, sondern die hierzu entwickelten Prinzipien entscheidend sind, um auch abseits der Schutzbereichseröffnung zu einer sachgerechten Lösung zu kommen. Hierbei spielt dann die werkgerechte Interpretation des Kunstwerkes durch den Richter eine, wenn nicht sogar die, entscheidende Roll, denn schlussendlich erfolgt die rechtliche Bewertung nicht anhand des Kunstwerkes selbst, sondern anhand der Interpretation.

Um der Eigengesetzlichkeit jeder einzelnen Kunstform, sowie der durch Aufkommen des Kunstkonsums via Internet entstandenen Zersplitterung von Öffentlichkeiten, gerecht zu werden, hat diese Interpretation anhand eines Maßstabs eines mit der jeweiligen Kunstform vertrauen Empfängers stattzufinden. Kunstgattungen, welche, wie der hier vorliegende „Gangster-Rap“, mit Übertreibungen und Verzerrungen arbeiten, sollten bei der Interpretation zudem anhand des für die Satire entwickelten Vorgehens der Trennung von Aussagekern und äußerer Form untersucht werden. Erst hierdurch kann das Kunstwerk einer möglichst objektiven rechtlichen Wertung zugeführt werden, welche ihren Schwerpunkt im Rahmen der Herstellung praktischer Konkordanz zwischen den gegenüberstehenden Rechtspositionen findet. Hierbei ist sodann mit der Einstufung eines Kunstwerks als Verletzung der Menschenwürde äußerste Zurückhaltung anzunehmen, selbst wenn das Kunstwerk selbst einen Bezug zur Sexualität der ihr betroffenen Person aufweist, und damit in die Richtung ihrer Intimsphäre zielt. In Fällen in denen lediglich die äußere Form des Kunstwerks, nicht aber der Aussagekern, eine Rechtsverletzung enthält, ist sodann auf eine innere Angemessenheit zwischen Aussagekern und äußerer Form abzustellen. Diese bildet, unter Zugrundelegung aller relevanten Abwägungskriterien im konkreten Fall, den Kern der Abwägung zwischen der Kunstfreiheit und der entgegenstehenden Verfassungsposition.

Literaturverzeichnis

Badura, Peter, Staatsrecht – Systematische Erläuterung des Grundgesetzes für die Bundesrepublik Deutschland, 7. Auflage, München, 2018

Beisel, Daniel, Die Kunstfreiheitsgarantie des Grundgesetzes und ihre strafrechtlichen Grenzen, Heidelberg, 1997

Bleckmann, Albert, Staatsrecht II – Die Grundrechte, 4. Auflage, Köln, 1997

Borutta, Sina Katharina, Der realistische Roman – Ein Problem des Verfassungsrechts, Baden-Baden, 2013

Brauneck, Anja, Das Problem einer »adäquaten Rezeption« von Satire mit Anmerkungen zum Beschluss des LG Hamburg vom 17.5.2016 im Fall Böhmermann, in: ZUM 2016, S. 710–715

Brost, Lucas; Hassel, Dominik, Der Anspruch auf Geldentschädigung bei Persönlichkeitsrechtsverletzungen, in: NJW 2020, S. 2214–2220

Bruneder, Antonia, Kunstfreiheit und Gangsta-Rap, Wien, 2023

Busche, Daniel, Alles von der Kunstfreiheit gedeckt? Grundwissen zum Verhältnis von Kunst, Kunstfreiheit und Persönlichkeitsrecht", in: JA 2022, S. 925–930

Buscher, Jens Michael, Neuere Entwicklung der straf- und ehrenschutzrechtlichen Schranken der Meinungsfreiheit und der Kunstfreiheit, in: NVwZ 1997, S. 1057–1064

Bär, Peter, Die Verfassungsrechtliche Filmfreiheit und ihre Grenzen, Filmzensur und Filmförderung, Frankfurt am Main, 1984

Bülow, Karoline Sophia, Persönlichkeitsrechtsverletzungen durch künstlerische Werke, Berlin, 2013

Bünnigmann, Kathrin, Die „Esra"-Entscheidung als Ausgleich zwischen Persönlichkeitsschutz und Kunstfreiheit, Tübingen, 2013

Cremer, Wolfram, Der Schutzbereich der grundgesetzlichen Meinungsfreiheit, in: NVwZ 2023, S. 1463–1466

Delp, Ludwig, Das Recht des geistigen Schaffens in der Informationsgesellschaft, 2. Auflage, München, 2003

Dierksmeier, Claus, Die Würde der Kunst, in: JZ 2000, S. 883–889

Dürig, Günter; Herzog, Roman; Scholz, Rupert, Grundgesetz-Kommentar, Werkstand 103. EL Januar 2024

Epping, Volker, Grundrechte, 8. Auflage, Berlin, 2019

Epping, Volker; Hillgruber, Christian, BeckOK Grundgesetz, 57. Edition Stand: 15.01.2024

Erb, Volker; Schäger, Jürgen, Münchener Kommentar zum StGB, Band 4, 4. Auflage, München, 2021

Erhardt, Elmar, Kunstfreiheit und Strafrecht: Zur Problematik satirischer Ehrverletzungen, 1989, Heidelberg

Fallert, Nicole, Definitionskompetenz – Wer entscheidet, was als Kunst gilt?, in: GRUR 2014, S. 719–724

Fischer, Klaus Andreas, Die strafrechtliche Beurteilung von Werken der Kunst, Frankfurt am Main, 1995

Foth, Eberhard, Anmerkung zum Beschluss des OLG Frankfurt/Main vom 4.12.1995 – 1 Ss 69/94, in: JR 1996, S. 250–254

Füglein, Frank, Reduktion des Ehrenschutzes durch höchstrichterliche Rechtsprechung?, Frankfurt am Main, 2012

Gounalakis, Gergios, Freiräume und Grenzen politischer Karikatur und Satire, in: NJW 1995, S. 809–816.

Gruber, Johannes, Ich zersmacke jede, die kommt, wenn ich rappe – Eine flowanalytische Untersuchung des Boasting-Tracks Interessiert mich nicht (2006) von Lisi feat. She-Raw, in: Höllein, Dagobert; Lehnert, Nils; Woitkowski, Felix, Rap – Text – Analyse, Bielefeld, 2020

Gosche, Anna, Das Spannungsverhältnis zwischen Meinungsfreiheit und Ehrenschutz in der fragmentierten Öffentlichkeit, Baden-Baden, 2008

Gärtner, Sebastian, Was die Satire darf, Berlin, 2009

Heinicke, Thomas; Schmidt, Guido, Darf Satire alles? Über Schutzumfang und Grenzen der Satirefreiheit anhand der böhmermannschen „Schmähkritik“, in: NWVBl. 2016, S. 309–314

Hilgendorf, Eric; Hörnle, Tatjana; Nestler, Nina, Leipziger Kommentar zum StGB, Band 10, 13. Auflage, Leipzig, 2023

Huber, Michael, Gangsta-Rap – Wie soll man das verstehen?, in: BPJM-Aktuell 3/2018, S. 9–14

Hufner, Friedhelm, Staatsrecht II, 10. Auflage, München, 2023

Höllein, Dagobert; Lehnert, Nils; Woitkowski, Felix, Rap – Text – Analyse, Bielefeld, 2020

Isensee, Josef; Kirchhof, Paul, Handbuch des Staatsrechts, Band 3, 3. Auflage, Heidelberg, 2005

Jarass, Hans D.; Pieroth, Bodo, Grundgesetz für die Bundesrepublik Deutschland Kommentar, 18. Auflage, München, 2024

Kahl, Wolfgang; Waldhoff, Christian; Walter, Christian, Bonner Kommentar zum Grundgesetz, Ordner 3, Stand: 184. Aktualisierung Mai 2017

Kiesel, Manfred, Die Liquidierung des Ehrenschutzes durch das BVerfG, in: NVwZ 1992, S. 1129–1137

Klass, Nadine, Fiktion und Recht: Maßstäbe für die Beurteilung realitätsbezogener Werke und Formate im Lichte der Kunstfreiheit sowie des allgemeinen Persönlichkeitsrechts, in: ZUM 2023, S. 428–446

Kloepfer, Michael, Verfassungsrecht, Band II Grundrechte, München, 2010

Knies, Wolfgang, Schranken der Kunstfreiheit als verfassungsrechtliches Problem, München, 1967

Kulick, Andreas, „Drittwirkung" als verfassungskonforme Auslegung – Zur neuen Rechtsprechung des BVerfG, in: NJW 2016, S. 2236–2241

Ladeur, Karl-Heinz; Gostomzyk, Tobias, Mephisto reloaded – Zu den Bücherverboten der Jahre 2003/2004 und der Notwendigkeit, die Kunstfreiheit auf eine Risikobetrachtung umzustellen, in: NJW 2005, S. 566–569

Lerche, Peter, Kunstfreiheit inmitten aktueller Grundrechtskonzepte, in Jacobs, Rainer; Papier, Hans-Jürgen; Schuster, Peter-Klaus, Festschrift für Peter Raue zum 65. Geburtstag am 4. Februar 2006, Köln, 2006

Martini, Mario, Das allgemeine Persönlichkeitsrecht im Spiegel der jüngeren Rechtsprechung des Bundesverfassungsgerichts, in: JA 2009, S. 839–845

Merten, Detlef; Papier, Hans-Jürgen, Handbuch der Grundrechte IV, Heidelberg, 2011

Muckel, Stefan, Begrenzung grundrechtlicher Schutzbereiche durch Elemente außerhalb des Grundrechtstatbestands, in Dörr, Dieter; Fink, Udo; Hillgruber, Christian; Kempen, Bernhard; Murswiek Dietrich, Die Macht des Geistes, Festschrift für Hartmut Schiedermair, Heidelberg, 2001

Muckel, Stefan, Verbot des Romans „Esra" von Maxim Biller, in: JA 2008, S. 153–155

Obergfell, Inés, Dichtung oder Wahrheit?, in: ZUM 2007, S. 910–915

Oechsler, Jürgen, Die Satire – Rechtliche Grenzen eines Kulturinstituts, in: NJW 2017, S. 757–763

Oglakcioglu, Mustafa Temmuz; Rückert, Christian, Anklage ohne Grund – Ehrschutz contra Kunstfreiheit am Beispiel des sogenannten Gangsta-Rap, in: ZUM 2015, S. 876–883

Raue, Peter, Literarischer Jugendschutz – Was kann nach dem Gesetz über die Verbreitung jugendgefährdender Schriften indiziert werden?, Berlin, 1970

Rittig, Gabriele, Anmerkungen zu Satire und Justiz, in: Dankert, Birgit; Zechlin, Lothar, Literatur vor dem Richter, Baden Baden, 1988

Sachs, Michael, Grundgesetz Kommentar, 9. Auflage, München, 2021

Simon, Gesa, Persönlichkeitsschutz gegen herabsetzende Karikaturen in Deutschland und Frankreich, Frankfurt am Main, 1995

Sodan, Helge, Grundgesetz Kommentar, 4. Auflage, München, 2018

Stark, Ralf, Ehrenschutz in Deutschland, Berlin 1994

Umbach, Dieter C.; Clemens, Thomas, Grundgesetz Mitarbeiterkommentar und Handbuch, Band I, Heidelberg, 2002

Schack, Haimo, Kunst und Recht, 3. Auflage, Tübingen, 2017

Schmidt-Bleibtreu, Bruno; Hofmann, Hans; Henneke, Hans-Günter, Kommentar zum Grundgesetz, 14. Auflage, Köln, 2018

Schwamborn, Martin, Alles dank der Kunstfreiheit erlaubt?, in: JA 2023, S. 833–840

Seibert, Thomas-M., Der Durchschnittsleser als Mittler gerichtlicher Kommunikationsvorstellungen, in: Grewendorf, Günther, Rechtskultur als Sprachkultur, Frankfurt am Main, 1992

Siegle, Miriam, Das Spannungsverhältnis von Kunstfreiheit und Persönlichkeitsrecht, Baden-Baden, 2012

Vlachopoulos, Spyridon, Kunstfreiheit und Jugendschutz, Berlin, 1996

von Becker, Bernhard, Rechtsfragen der Satire, in: GRUR 2004, S. 908–913

von Becker, Bernhard, Überlegungen zum Verhältnis von Kunstfreiheit und Persönlichkeitsrecht, in: AfP 2001, S. 466–471

von Bismarck, Fried, Anmerkung zu Beschluss LG Frankfurt vom 06.10.1981 – 5/24 Qs 16/81, in: AfP 1981, S. 471–473

von Heintschel-Heinegg, Bernd; Kudlich, Hans, Beck OK StGB, 60. Edition, Stand 01.02.2024

von Mangoldt, Hermann; Klein, Friedrich; Starck, Christian, Kommentar zum Grundgesetz, Band 1, 6. Auflage, München, 2010

von Münch, Ingo; Mager, Ute, Staatsrecht II – Grundrechte, 7. Auflage, Stuttgart, 2018

von Münch, Ingo; Kunig, Philip, Grundgesetz Kommentar, Band 1, 7. Auflage, München, 2021

Weber, Klaus, Rechtswörterbuch, 32. Edition, München, 2024

Würkner, Joachim, Was darf die Satire?, in: JA 1988, S. 183–193

Online-Quellen:

Bundesverband Musikindustrie. (6. März, 2024). Anteile der einzelnen Musikrichtungen am Gesamtumsatz der Musikindustrie in Deutschland im Jahr 2023 [Graph]. In Statista, https://de.statista.com/statistik/daten/studie/170269/umfrage/musikindustrie-umsatzanteile-der-musikrichtungen/ zuletzt abgerufen: 24.07.2024

Bundesverband Musikindustrie e.V., „Musikindustrie in Zahlen 2023“ 2024 https://www.musikindustrie.de/presse/presseinformationen/out-now-musikindustrie-in-zahlen-2023 zuletzt abgerufen: 01.10.2024

der Freitag, „Hasswichser“, https://www.freitag.de/autoren/daniel-gerhardt/hasswichser zuletzt abgerufen: 30.05.2024

Geiss, Carmen Facebook-Beitrag vom 13.4.2018, https://www.facebook.com/TheRealCarmenGeiss/posts/2055477867814234 zuletzt abgerufen: 31.07.2024

Hiphop.de, „Die Geissens gehen juristisch gegen Kollegah-Signing Jigzaw vor", 13.12.2018, https://hiphop.de/magazin/news/geissens-juristisch-mord-kollegah-signing-jigzaw-medusablick317202 zuletzt abgerufen: 31.07.2024

Offizielle deutsche Charts, Jigzaw – Post Mortem, https://www.offiziellecharts.de/album-details-367649 zuletzt abgerufen: 10.09.2024.

Stern, „Auch Robert Geiss schießt gegen Farid Bang", https://www.stern.de/lifestyle/leute/neuer-shitstorm-auch-robert-geiss-schiesst-gegen-farid-bang-7942478.html zuletzt abgerufen: 31.07.2024

Tagesspiegel, „Deutscher Rap – Gut, dass niemand genau hinhört", https://www.tagesspiegel.de/kultur/gut-dass-niemand-genau-hinhort-4007542.html zuletzt abgerufen: 31.07.2024